CADA
COSA
EN SU
LUGAR

CADA COSA EN SU LUGAR

DESCUBRE EL MÉTODO
THE HOME EDIT *para*
ORDENAR TU CASA
DECORANDO

CLEA SHEARER Y JOANNA TEPLIN

ÍNDICE

INTRODUCCIÓN:
Si nosotras podemos, tú también — 8

LA *Revisión*
24

LA *Organización*
52

EL *Mantenimiento*
242

CÓMO NO PERDER LA INSPIRACIÓN — 247

AGRADECIMIENTOS — 251

ÍNDICE — 253

INTRODUCCIÓN:
Si nosotras podemos,
TÚ TAMBIÉN

Si te abruma pensar en tener que organizar la casa, respira tranquila porque, si te somos sinceras, en The Home Edit nos cuesta horrores hacer tareas tan sencillas como planchar o cocer el arroz (¿lo dejas tapado? ¿No? ¿Lo vas removiendo? ¡¿Por qué es tan complicado?!) Pero lo que sí se nos da bien es entrar en una habitación, ver más allá del desastre y elaborar un plan de ataque meticuloso. Así pues, si nosotras podemos dar algo de sentido al caos, estamos seguras de que tú también puedes.

Cuando publicamos por primera vez *Cada cosa en su lugar* teníamos un objetivo muy claro: cambiar la manera de pensar de la gente sobre la organización. A ver, entendemos que no estamos operando un cerebro o curando el cáncer, pero sí hemos visto de primera mano lo eficaz que puede ser crear un espacio en el que no haya desorden y hacerlo increíblemente funcional, ya sea para que los niños puedan coger solos los cereales de la despensa (lo que sea para poder dormir treinta minutillos más) o para que, por fin, puedas ver tu ropa organizada en el armario después de deshacerte de prendas de hace veinte años (no, tu hija no querrá llevar esa camisa algún día).

No nos conformábamos con ser otro par de organizadoras que te lo clasifican todo en cajitas y las etiquetan. Queríamos que nuestros espacios fueran a la vez funcionales y *bonitos*, así que dimos con un sistema único que da un toque estético a la par que práctico; un enfoque muy parecido a como un diseñador aborda un espacio.

No lo hemos hecho porque queda precioso en Instagram o porque nos encanta tenerlo todo organizado por colores, sino porque creemos que organizar espacios no debería ser solo poner las cosas en su lugar. Ni tampoco debería hacerse únicamente por el aspecto de la habitación. Queríamos mostrar ese punto óptimo y mágico en el que la función se une a la forma, cuando los espacios son, a la vez, eficientes, fáciles de usar y agradables desde un punto de vista estético. Con este sistema no solo conseguimos que las estancias de tu hogar sean más bonitas, sino que también nos hemos dado cuenta de que con este toque mágico inspiramos a la gente a mantenerlas ordenadas. ¡Esta es la cuestión! Si, en tanto que clienta nuestra, no puedes cumplir con los sistemas que implementamos, significa que no hemos hecho bien nuestro trabajo.

Si volviéramos a tu casa un año después, nos gustaría ver que el sistema de *Cada cosa en su lugar* te sigue siendo útil. Literalmente, lo primero que hacemos cuando volvemos a la casa de una clienta es comprobar si el cajón del tocador o el armario de la ropa de cama está como lo organizamos la semana anterior; si es así, nos ponemos a nosotras mismas una estrella dorada y brillante. ¿Y sabes qué? Tenemos una tabla llena de pegatinas en forma de estrella porque los sistemas que hemos creado funcionan *de verdad*. (Sí, hacemos un seguimiento de estas cosas porque nos encantan los logros casi tanto como las pegatinas.)

No tardamos mucho en empezar a darnos cuenta de que lo que hacíamos era cada vez más importante; y es que clientas de todo el país, entre las que se incluían Gwyneth Paltrow, Molly Sims, Rachel Zoe, Tiffani Thiessen y Mindy Kaling, solicitaban nuestros servicios.

Al poco, empezamos a ver nuestro trabajo en revistas como *Domino* y *Architectural Digest* y también en el programa *Today*; incluso en la página web de Target (lo que probablemente ha sido lo más emocionante que nos ha pasado nunca, sin ofender a nuestros hijos). Cuanta más atención recibíamos, más preguntaba la gente por nosotras: «¿Cómo narices puedo hacer eso en mi propia casa? Seguro que conseguir que mi casa se parezca a la de Gwyneth es caro, lleva mucho tiempo y necesitaré un equipo de profesionales para ello». Sinceramente, no es cierto. No vamos a mentirte, organizar puede ser duro: requiere mucho tiempo, trabajo y atención, y puede conllevar una carga emotiva que la gente no se espera. Pero si implementas un sistema y sigues algunas reglas —quien mucho abarca, poco aprieta—, lo puedes conseguir. En serio, confía en nosotras porque, si nosotras podemos, ¡casi todo el mundo puede! (Véase *¿Puedes ser una buena organizadora?*, en la página 19).

10 · CADA COSA EN SU LUGAR

EL *Origen*

Antes de ser organizadoras, éramos personas normales y corrientes que hacían cosas normales y corrientes; puede que incluso fuésemos personas mediocres que hacían menos de lo normal. Y no empezamos como organizadoras. A decir verdad, ni siquiera empezamos queriendo crear una empresa juntas. De hecho, NI SIQUIERA NOS HABÍAMOS VISTO ANTES. No, no mentimos. Así que antes de continuar con todo lo que conlleva la organización, razón por la que has comprado este libro, te contaremos un poco nuestra historia. Bueno, dejaremos que nuestra amiga Leah te cuente cómo nos conocimos, ya que nos presentó ella.

LO QUE LEAH TIENE QUE DECIR
sobre cómo nos conocimos

Clea se mudó a Nashville en mayo de 2015. Nada más llegar, pensó: «Vale, soy una mujer de treinta y tres años en una ciudad totalmente nueva y no conozco a nadie. Mi familia y yo nos hemos mudado aquí por el trabajo de mi marido, pero ¡¿ahora qué?!» Os podéis imaginar el ataque de pánico. Antes de mudarse, Clea había pensado en fundar una empresa de organización, pero tenía más sentido que fuese en Los Ángeles porque allí ya tenía contactos (muchos más que los cero que tenía allí). Así que, a pesar de que no tenía sentido, decidió que ese factor nunca había sido importante a la hora de tomar decisiones, por lo que pensaba emprender un negocio de organización independientemente de dónde viviera.

Justo después de mudarse a Nashville, Clea y yo nos hicimos amigas en Instagram (¿cómo hacen amigos los adultos hoy en día, si no?) y pronto nos dejamos de pantallas y quedamos para desayunar juntas. Hablamos de nuestros hijos y maridos, de ser inmigrantes judías en Nashville (somos unas once) y de tener una pequeña empresa. Me comentó que estaba planteándose crear una empresa de organización a domicilio y yo me quedé a cuadros. Tenía una amiga, Joanna, que también era judía, tenía dos hijos y un marido que trabajaba en el mundo de la música, que se acababa de mudar a Nashville ¡y que también quería empezar una empresa de organización! «Pero ¡esto es fantástico! —me dije—. Seguro que se caen fenomenal.»

Entonces llamé a Joanna y le conté lo que le reservaba el destino y me contestó que ni de broma, que gracias, pero que no. Para ser más concretos, me dijo: «No quiero ninguna socia. Me parece bien quedar para comer juntas e, incluso, hacernos amigas, pero nunca he tenido una socia, y no saldrá bien». «Pues menudo éxito», me dije, pero, bueno, al menos iban a comer juntas. No tenía muchas esperanzas, y lo que menos esperaba era que la comida que tuvieron se convirtiese en una reunión de cuatro horas barajando ideas sobre la dominación organizativa mundial. ¡Y el resto es historia! De nada.

Besos, LEAH

Desde el primer momento en que nos conocimos, estaba claro que íbamos a emprender un negocio juntas. Y aquel mismo día, después de nuestra comida de cuatro horas, mientras intentábamos bañar a nuestros hijos, hablamos un poco del futuro de nuestro negocio por mensajes. Se nos ocurrió el nombre de la empresa, *The Home Edit*, registramos el nombre del dominio e incluso comenzamos a rellenar el papeleo de la sociedad de responsabilidad limitada (SRL). Los organizadores no son nada si no son eficientes, ¿no? Por supuesto, años después pensamos que estábamos locas por montar un negocio con alguien a quien conocíamos de unas pocas horas y sin comprobar sus antecedentes o buscarla en Google. También es gracioso que nos presentara una «amiga» en común, que en realidad era una amiga de Instagram. No es lo más aconsejable, desde luego, pero no siempre tomamos el camino más aconsejable. A fin de cuentas, ambas nos habíamos mudado a una ciudad en la que nunca habíamos estado, donde no vivía ninguno de nuestros amigos o familiares, así que pensamos que lo mejor era dejarnos llevar por el instinto.

Es lo más loco que hemos hecho nunca, pero ha funcionado. Atribúyeselo a «cosas judías + trucos de magia» (véase la página 50). Nos dejamos guiar por nuestra intuición, que, como se ha visto después, es lo que nos hace tan compatibles. Somos personas muy, pero que muy diferentes, con gustos diferentes en cuanto a champán y dulces, pero también con muchas cosas en común. Ambas tenemos la capacidad de sacarle partido al instinto y hacer las cosas sin más. No perdemos el tiempo analizando todo hasta la saciedad. Nos ponemos manos a la obra y lo hacemos, ya sea crear un negocio desde cero, ordenar los desaguisados de otras personas o encontrar soluciones a cualquier obstáculo que se nos presente. A veces entramos en un círculo vicioso de compras por culpa del trabajo (pedimos disculpas a nuestros maridos), pero esa historia es para otro momento.

Nuestras diferencias también casan muy bien cuando se trata de organizar espacios. Por un lado, Clea trabajó en la industria de la moda y fue a una escuela de arte, y suele abordar la organización desde un punto de vista estético. Por otro lado, Joanna tiene un pasado organizativo más tradicional; para ella, lo primordial es la funcionalidad. Cada una equilibra a la otra en términos de estilo y utilidad, sobre todo porque ambas creemos que la organización es importantísima para que un hogar funcione de manera efectiva y eficiente, y es decisiva para la paz mental.

SABES QUE ERES UNA
OBSESA DE LA ORGANIZACIÓN CUANDO...

1. Mentalmente (y, a veces, también físicamente) empiezas a organizar los expositores de las tiendas.//
2. Siempre te preguntas por qué Starbucks no organiza los edulcorantes por colores. Están desperdiciando una oportunidad maravillosa.
3. Piensas que la limpieza es tu principal fuente de ejercicio físico.
4. Tus amigos creen que es divertido cambiar de sitio las cosas que tienes en casa para ver si te das cuenta (y sí, siempre nos damos cuenta. Por favor, parad).
5. Etiquetas todo lo que no se mueve.

Sabemos que la gente nos tiene por un poco chaladas. Y es normal, porque ¿quién narices se propone ser organizador? Tienes que estar loco para ofrecerte como voluntario para gestionar las existencias de pasta y las pilas de jerséis de la gente. Así pues, cuando nos preguntan por qué lo hacemos, contestamos que no se nos da bien otra cosa; esto es lo único en lo que somos buenas. ¡Tenemos mucho talento en este campo (y menos mal)! Y, por si no se nota, también nos apasiona. No es solo nuestro trabajo, es una muestra de cómo funcionan nuestros cerebros. Nos emociona entrar en una casa y ver que hay cajones hechos un desastre por todas partes. Nos encanta ir quitando capas para llegar a la raíz del problema, de lo que hace que un espacio sea tan frustrante, y ver cuáles serán las mejores soluciones. Y muy pronto tú también sabrás qué soluciones te irán mejor para ordenar esos cajones desordenados (¡así que prepárate para emocionarte también!)

No es porque seamos unas egocéntricas que solo quieren ganar estrellitas doradas (aunque nos encantan esas estrellitas doradas). Es porque nos preguntan muchísimo sobre organización y cómo la gente puede hacerlo en casa y, por fin, queremos responder a tantas dudas como podamos. Lo que queremos es darte las herramientas necesarias para llevar la paz y el orden a tu casa. Queremos ayudarte a que, de una vez por todas, te des cuenta no solo de dónde poner qué, sino también de *por qué*. Y, por último, como clienta nuestra, queremos que estés contenta con el resultado final. Queremos que te sientas bien con tu casa y con tus dotes organizativas. A menudo nos dicen: «No se me dan muy bien estas cosas», pero puedes mejorar muchísimo, ya lo verás. No solo haremos que lo consigas, también te ayudaremos a lograr que tus sistemas organizativos den resultados a largo plazo.

> **ECHA UN VISTAZO**
>
> No hay nada más placentero que tener una nevera organizada (quizá aquí seamos algo parciales), así que, para que puedas empezar ya, al final del libro encontrarás unas etiquetas para la nevera.

18 　CADA COSA EN SU LUGAR

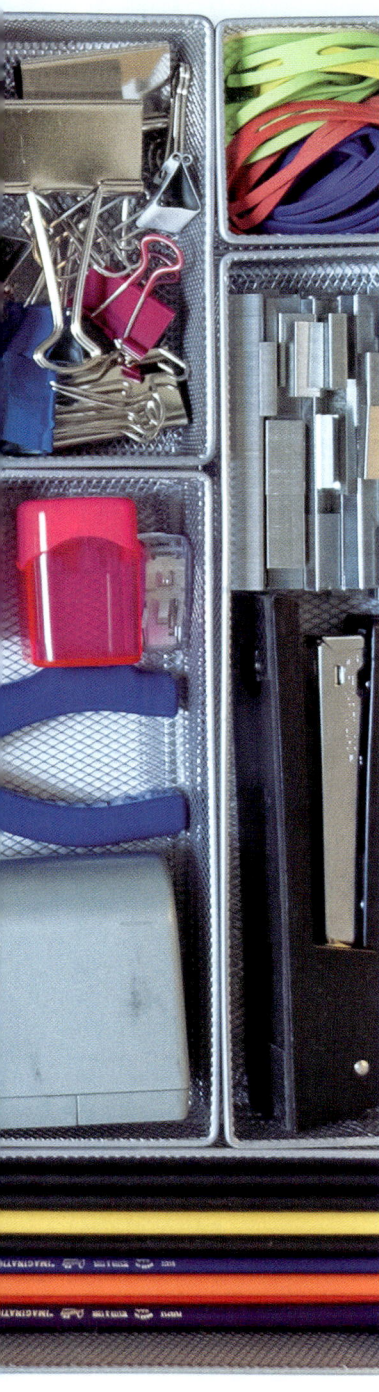

¿Puedes ser una buena ORGANIZADORA?

Como ya hemos dicho, no hace falta que seas una profesional de la organización para que se te dé bien poner cada cosa en su lugar. Solo necesitas unas nociones básicas sobre el proceso, una dosis saludable de sinceridad y un puñado de estrategias, herramientas, consejos y trucos que te ayuden a encontrar la mejor manera de organizar tu espacio. ¿Todavía no estás segura de poder conseguirlo? Hazte las siguientes preguntas:

1. ¿Una pequeña parte de mi cerebro se queda más tranquila cuando cada cosa está en su «lugar»?

2. ¿Se me enciende una bombillita en la cabeza cuando veo que algo está muy bien organizado?

3. ¿Creo que organizar mis cosas me facilitará la vida?

Si has contestado que sí a alguna de las preguntas, entonces tienes lo que hay que tener para abordar las tareas que te proponemos en este libro. No importa si se te da bien o no, te ayudaremos a que así sea. Lo más importante es que quieras hacerlo.

LA *Promesa*

Suponiendo que no seas tan impaciente como nosotras y hayas saltado ya a la sección de cómo transformar el cajón de sastre (vale, ve la página 193), hablemos de por qué es tan importante ordenar. Si solo se organizasen los espacios para hacer fotos bonitas, nos habríamos quedado sin negocio hace tiempo; esto es así. Ya no solo porque los espacios que son bonitos porque sí no los han diseñado para que duren, sino también porque organizar un espacio va mucho más allá de la mera estética. Entender por qué te sientes obligada a organizar tu hogar es tan importante como saber hacerlo. Sin eso, es mucho más difícil encontrar la motivación para limpiar estantes y cajones, y es mucho más difícil que sigan igual de limpios al cabo del tiempo. Así que, aunque sabemos que estás deseando empezar, dedica un momento a valorar los métodos más comunes para que la organización pueda beneficiarte a ti y a tu familia, y no los olvides cuando elijas con qué espacio empezar.

1. Ahorras tiempo. Es bastante fácil: si sabes dónde guardas algo, es más rápido de encontrar y más fácil de ordenar.

2. Ahorras dinero. Aparte de la inversión inicial en infraestructura (separadores de cajones, compartimentos, cestos, ganchos, etc.), poder ver las cosas significa que no comprarás papel higiénico, cereales, camisetas o cinta de embalar de más por no haberlos encontrado o por no saber que ya los tenías. Además, dar un espacio específico a determinados artículos hará que no compres más hasta que tengas espacio para ellos.

20 CADA COSA EN SU LUGAR

3. **No pierdes el juicio.** Como madres y esposas, solemos ser las guardianas de nuestras casas, pero en cada casa siempre hay una persona que sabe dónde está cada cosa. Ya sean aperitivos, dentífrico o coleteros, es muy útil que cada cosa tenga su lugar y que esos lugares sean de fácil acceso. Así todos sabrán dónde está cada cosa, podrán cogerla ellos mismos y, lo mejor de todo, sabrán cómo guardarla. Esta es una de las razones por las que nos encanta organizar cuartos de juegos. No es solo porque quedan bonitos y fomentan la creatividad, sino porque también ofrecen a los niños un sistema visual para que puedan ayudarnos con la limpieza.

4. **Ayuda a pasar página.** No es ningún secreto que le damos un valor sentimental a lo que tenemos, y que el apego es muy fuerte. La mejor manera de sentirse liberado o de pasar página es gestionar bien lo que te agobia (te des cuenta o no). Tal vez pase por donar la ropa de tus hijos de cuando eran bebés, cuando, en el fondo, sabes que ya no tendrás más; incluso, guardar los vaqueros que esperas que te valgan algún día. No nos tomamos estos proyectos a la ligera, ya que nos obligan a actuar con delicadeza. A menudo la gente se resiste a llevar a cabo estos proyectos por sí misma por las minas emocionales inherentes que hay. Una de nuestras clientas, por ejemplo, pospuso organizar su colección de fotos porque hacía poco que había perdido a su madre. Nadie quiere enfrentarse a esos sentimientos, pero también sabemos que dando ese paso y despejando el espacio (física y emocionalmente) te sentirás más aliviado y satisfecho.

5. **Te relaja.** Una de las cosas que más nos gusta de tener la casa ordenada, y que solemos oír de nuestras clientas también, es lo tranquilo que se siente uno cuando todo está en su lugar. Cuando estás en un sitio donde el desorden es mínimo y se siguen los sistemas te sientes más a gusto, como si pudieras tomarte un respiro. No hay armarios que son como agujeros negros que tienes presentes de forma inconsciente. Todo está en su sitio. La mayoría de nuestras clientas nos dicen que después de haberles organizado sus espacios se sienten menos estresadas. Si lo único que se interpone entre tú y la tranquilidad es un bolígrafo y unos recipientes de plástico, ¡estamos encantadas de ayudar!

LAS ORGANIZADORAS
también necesitan ayuda para organizar

Este libro está estructurado como está por una razón: para ayudarte a alcanzar los mejores resultados sin que te sientas abrumada; para que tus habitaciones alcancen todo su potencial; para mantener el espacio bien organizado durante mucho más tiempo. El proceso por el que te guiaremos aquí no dista de cómo trabajaríamos juntas si nos contrataras para ir a tu casa en persona. Así, por muy organizada que te consideres, te pedimos que sigas el plan, ¡porque funciona!

    Y por eso incluso las organizadoras necesitamos ayuda para organizar. Has leído bien: hasta las personas más metódicas, ordenadas y de personalidad tipo A necesitan a alguien imparcial, objetivo y no emocional que los acompañe en el proceso.

    Lo creas o no, sabemos de primera mano lo difícil que puede ser enfrentarse a un proyecto grande y aterrador..., como, por ejemplo, escribir un libro. No sabíamos por dónde empezar y organizar tu casa puede evocar emociones parecidas. Así pues, hicimos lo que haría cualquier adulto: pedimos un poco de ayuda para emprender el camino correcto. Y, ¿sabéis qué?, organizar un libro no es diferente de organizar una habitación: tienes que hacer inventario de todo lo que quieres incluir, eliminar lo que no quieres, ordenar los objetos por clase, determinar cómo hacer más accesibles dichos objetos y, después, hacer que todo quede bonito. Pero, aunque conocemos tan bien ese proceso que hasta lo llevamos en la sangre, nos costó mucho seguir los pasos sin una guía porque se trataba de territorio desconocido (véase la página 9). Con suerte, cuando empieces a planear tus aventuras, este libro puede ser tu mejor guía. Porque todos estamos en este club de «Ay, por favor, échame una mano», y no nos avergüenza reconocerlo.

La Revisión

A quella primera noche, después de esa comida tan importante, cuando estábamos enviándonos mensajes en vez de procurar terminar de bañar a nuestros hijos, nos devanamos los sesos para encontrar el nombre perfecto para nuestro negocio. Probamos con muchas opciones, pero en cuanto se nos ocurrió *The Home Edit* ya no hubo vuelta atrás. Queríamos que el nombre expresase la raíz de nuestra filosofía de la organización: revisarlo todo. Es decir, empezar el proceso de organización siempre reduciendo las cosas al mínimo, guardar solo las que más usamos, las que tienen mayor valor sentimental y las que son más importantes. Es la idea que representa nuestro logo, un monograma limpio y sencillo enmarcado por unas hojas de laurel: solo lo esencial, simplificado y organizado de forma estética.

Da igual si estamos organizando un armario, un cuarto de juegos o la nevera; el proceso siempre empieza por una buena revisión. Y eso es justo lo que vamos a hacer antes de hablar sobre las necesidades de cada espacio específico. Revisarlo todo es una parte crucial de la metodología que te ayuda a evaluar el espacio y todos los objetos que este alberga. La única manera de entender los espacios y la mejor forma de organizarlos es asegurarse de que cualquier cosa que vayas a organizar para que tenga un buen aspecto merezca tu tiempo y energía.

De un vistazo, el proceso será el siguiente:

1. ## SÁCALO TODO
   del espacio que estés organizando (y queremos decir *todo*).

2. ## CLASIFICA LAS COSAS EN GRUPOS
   colocando juntas las que sean parecidas para ver a qué te enfrentas.

3. ## REDUCE AL MÍNIMO
   tus pertenencias y deshazte de cualquier cosa que ya no uses o que no te guste.

Sabemos que La Revisión no suele ser la parte preferida del proceso. Sin embargo, es como ir al gimnasio o comer verduras: es bueno para ti, aunque no te guste o experimentes una amplia gama de emociones mientras revisas tus pertenencias. La Revisión es la base de un sistema organizado sostenible. Si te saltas esta fase porque te mueres de ganas de ir a comprar productos de organización y almacenamiento, te estarás haciendo un flaco favor (pronto estarás empujando el carrito de la compra por los pasillos de una tienda de este tipo, te lo prometemos). Al pasar por este proceso, podrás hacer sitio para las cosas que usas y que te gustan y deshacerte de aquellas que te impiden tener un hogar bien organizado

Adopta el ESTILO DE VIDA LISTÓN BAJO, *o del mínimo esfuerzo*

El Estilo de Vida Listón Bajo es una filosofía que creamos que consiste en hacer las cosas con el mínimo de esfuerzo a lo largo del día. Y, sin embargo, experimentar la sensación de haber hecho algo provechoso, algo por lo que sentirte orgullosa y pensar: «¡Bien hecho!», justo antes de servirte una copa y apoltronarte en el sofá. Aplicamos el Estilo de Vida Listón Bajo en todos los ámbitos de nuestra vida. Si bañamos a los niños, conseguimos una estrellita dorada en cuidados infantiles. Si recalentamos sobras de pizza, ganamos otra estrellita. Si nos duchamos en vez de recogernos el pelo en un moño, matrícula de honor.

REGLAS PARA VIVIR SEGÚN EL ESTILO DE VIDA LISTÓN BAJO

Las reglas que seguimos en nuestro día a día se parecen a lo siguiente:

1. Calentar la comida se considera cocinar.
2. Una pizza es un tipo de ensalada sin lechuga: lleva queso, tomate y una base de pan tostado extragrande. ¡No hay nada de malo en comer pizza!
3. La ropa deportiva sirve para todos los días porque la VIDA en sí es un deporte.
4. El champán es básicamente agua con gas.
5. Ir a comprar cuenta como ejercicio.

Se trata de poner el listón lo bastante bajo para lograr todo tipo de pequeñas victorias, porque la vida es demasiado corta para sentirse culpable por ir mal vestida o por no ir al gimnasio todos los días.

Lo mismo aplicamos a la organización. Las tareas grandes y abrumadoras pueden ser demasiado intimidatorias. Dar pequeños pasos con el listón muy muy bajo te motivará para continuar. Y, ya que organizar es casi la única parte de nuestras vidas donde ponemos el listón muy alto, lo bueno es que hemos hecho todo el trabajo duro por ti. Vamos a ponerte un nivel más fácil para que tu proyecto sea asequible, factible y viable. Sé paciente contigo misma y no tengas miedo de obsequiarte con un montón de estrellitas doradas por enfrentarte a los pequeños hitos de un gran proyecto.

Uno de los mayores obstáculos al organizar es elegir un proyecto demasiado complicado: empezarlo una hora antes de ir a recoger a los peques al colegio, dejarlo todo manga por hombro y luego correr para colocar todo donde estaba. Así no querrás volver a hacerlo. Si sigues nuestro consejo, te prometemos que eso no ocurrirá.

La clave es estar motivada. Comienza con un proyecto más pequeño y luego, aprovecha toda esa seguridad y conocimiento que has adquirido y aplícalos a uno un poco más grande. Sabemos que ya te estarás imaginando todos los pequeños objetos metidos en cajas preciosas; así será, pero primero, plantéate de modo realista la experiencia, las habilidades y el tiempo del que dispones. No pasa absolutamente nada por empezar por algo pequeño. De hecho, te recomendamos que comiences con un solo cajón.

Así es. **Comienza con un cajón.** Es el espacio ideal para empezar. Sigue exactamente los mismos pasos de *La Revisión* tal y como harías con cualquier otro espacio, solo que este es más pequeño. Vaciar un cajón entero es mucho menos abrumador que vaciar un armario; verás la luz al final del túnel mucho más rápido, y clasificar el contenido será mucho más sencillo y sosegado. Así puedes meter todo de vuelta en el cajón y dirigirte a la sección de *La Organización*, en la página 52, para descubrir la mejor forma de organizar lo que quede.

¿Te sientes bien? Pues pasa a otro espacio de tu casa y dedícale el mismo cariño organizador.

A continuación, te presentamos nuestra guía para decidir qué proyectos suelen ser más fáciles y cuáles podrían llevarte más tiempo y esfuerzo.

FÁCIL

UN CAJÓN

¡Elige cualquier cajón! Pero empieza por uno solo. Un solo cajón es el mejor punto de partida porque es pequeño y manejable; además, así tendrás tu primera gran victoria. Hemos incluido muchos cajones en la sección de *La Organización* para que puedas escoger. A nosotras, sobre todo, nos encanta el cajón de los trastos de la cocina porque se usa muy a menudo.

BAJO EL FREGADERO

El temible espacio que hay bajo el fregadero suena, y puede parecer difícil, pero en realidad es muy sencillo. Al igual que ocurre con un cajón, no es muy grande y solo tienes que utilizar las herramientas y el sistema adecuados.

MEDIA

EL CUARTO DE BAÑO

Te recomendamos que abordes pequeñas secciones de una en una, pero el baño ofrece elecciones muy sencillas en un espacio reducido. ¿Usas estos productos? ¿Están vacíos o caducados? Solo es cuestión de deshacerte de algunas cosas y guardar otras para organizar el baño con éxito.

ZONAS DE JUEGO

Los juguetes pueden parecer un gran problema, pero no tienen por qué serlo. Si tiras a menudo los que no se usan, con los que les faltan piezas o los que están para el arrastre, la carga de trabajo será mucho menor. ¿Una ventaja? Puedes donar los juguetes que ya no quieras a algún centro de tu zona. ¿Y otra ventaja más? Recoger los juguetes que tus hijos van dejando por ahí es la mejor forma de hacer ejercicio: es el ejemplo perfecto del Estilo de Vida Listón Bajo.

30 · CADA COSA EN SU LUGAR

DIFÍCIL

EL ARMARIO

Organizar el armario es como escalar una montaña. Y no solo porque fatigue físicamente, sino porque puede resultar emocionalmente agotador y complicado. Con cada percha, se te pasa por la cabeza: «¿Me volverá a entrar este vestido?» o «¿Y si decido tener otro hijo?» Y eso no es malo. Consulta la sección *Reglas para saber de qué cosas deshacerte* (página 41) para averiguar si quieres guardar ciertos artículos o darte un tiempo si no lo tienes claro. Recuerda que nos estamos poniendo el listón bajo. Podemos dejarlo en cuarentena y subir el listón otro día.

LA COCINA Y LA DESPENSA

En muchos aspectos, la despensa es todo lo contrario a un armario ropero. No intervienen sentimientos cuando nos enfrentamos a la harina de almendras o a un bote de anacardos, por lo que tomar decisiones no será difícil. Lo peor de la despensa es que es como un enorme cubo de Rubik: cuando lo desmontas, puede ser muy complicado volver a montarlo. Lo mismo pasa con la cocina. Por este motivo, asegúrate de evaluar el espacio y trazar un plan de ataque antes de vaciar todos los estantes y cajones. Encontrarás muchos ejemplos de cocinas y despensas en *La Organización;* lo único que debes hacer es escoger el espacio que más se parezca al tuyo y ponerlo en práctica.

LA REVISIÓN   31

PASO 1:
SÁCALO *TODO*

Aquí viene el salto al vacío. ¿Va a acabar todo un poco desordenado? Sí. ¿Desenterrarás cosas que provocarán leves punzadas de dolor en el pecho? Es posible. ¿Tienes que tocar todas las cosas, una por una, que haya en tu cajón/estante/armario, cogerlas y pasarlas a otro sitio? Sin la menor duda. Esto quiere decir que el espacio que estás organizando debería quedar completamente vacío cuando hayas acabado. Es la única manera de encontrar los bolsos que están cogiendo polvo en el armario o la comida caducada en el fondo de la despensa.

Si te dejas algo es como si dijeras: «Me como toda esa comida» o «Me pongo toda esa ropa», pero aquí estamos nosotras para decirte que este tipo de pensamientos son los que han provocado el desorden con el que vives ahora. Si no entras y sacas todos y cada uno de los objetos, solo estás barriendo la basura bajo la alfombra, además de que crearás unos malos cimientos para tu proyecto de organización. Es mucho más complicado conseguir un sistema eficiente y estético si tienes que encontrar sitio a cosas que ni siquiera te importan. La fase de purga viene después, pero no puedes hacerlo bien si no sabes qué tienes exactamente. Por otro lado, evaluar cada objeto por separado es la mejor forma de saber qué necesitas/usas/quieres y así deshacerte del resto.

Así pues, haz hueco en la encimera de la cocina, en la cama o en el suelo del baño y vacía las estanterías y los cajones del todo. No olvides pasarles un trapito cuando estén vacíos. Seguro que estarán un pelín sucios.

PASO 2:
CLASIFICA LAS COSAS POR GRUPOS

Agrupa los objetos por categorías a medida que los vayas sacando o después de haber vaciado ese espacio del todo: ropa para el gimnasio, camisetas y vaqueros; o maquillaje de ojos, pintalabios y desmaquillantes. No te preocupes aún por la parte de organizar, solo agrupa los artículos. Por ejemplo, si estás limpiando la nevera, agrupa todas las bebidas. Da igual que la leche esté junto al zumo o al agua con gas. Solo tienes que juntar las bebidas.

Este paso es importante por dos motivos. Primero, evitas que el proyecto se convierta en un caos y te arrepientas de haber comprado este libro. Segundo, te será de gran ayuda para el paso más complicado: deshacerte de todo lo que no te pongas, uses o quieras. Cuando te enfrentas a las cosas agrupadas en vez de ir una por una, consigues una perspectiva más global de lo que tienes. Así es más fácil ver si tienes algo repetido (por ejemplo, trece camisetas blancas) y decidir qué merece la pena conservar.

Y volvemos a decirte lo mismo: no te pongas a organizar todavía. No sabes las veces que hemos estado a punto de meter los frutos secos en un tarro nada más empezar. Nosotras también tenemos que reprimirnos para no ir demasiado rápido. Si intentas organizar durante este paso, te arriesgas a agobiarte. No lo hacemos así por un motivo: es demasiado complicado. Por ahora, evita pensar en todas las etiquetas que crearás y cíñete a esta labor.

PASO 3:
REDUCE TUS COSAS AL MÍNIMO

Sírvete una copa generosa de champán (o, si eres como Joanna, una taza de té). Ya es oficial: ha llegado la hora de revisar. Échale un buen vistazo a todo lo que tienes alrededor y hazte la siguiente pregunta: «¿Estas cosas merecen mi energía?» Esa es la clave de la cuestión: decidir qué cosas merecen tu atención, tiempo y esfuerzo a la hora de crear y mantener un espacio de estilo zen bonito y despejado que te haga feliz cada día. Nosotras, por la presente, te damos permiso para deshacerte de las cosas que no uses, no quieras o ni siquiera te gusten. Por si necesitas recortar esta frase y pegarla en el frigorífico, aquí la tienes:

VA BIEN DESHACERSE DE LAS COSAS.

Si identificas algún objeto que ya no te sirva, física o emocionalmente, deshacerte de él es lo mejor. No te aporta nada positivo. De hecho, acapara un lugar muy valioso en tu hogar y en tu cabeza. Seguro que te sientes un poco culpable cada vez que ves esa heladera sin usar, esa olla de hierro fundido para hacer *fondue* que nunca utilizarás en una fiesta, la chaqueta de marca que te regaló tu suegra y que nunca te has puesto o ese bote de harina de almendras que compraste para una receta que nunca llegaste a probar. O quizá tuviste que desperdiciar energía en pensar cuándo ibas a darles uso..., algo que al final nunca ocurre y por lo que te vuelves a sentir culpable, pero puede que eso solo nos ocurra a nosotras porque somos dos mujeres judías criadas por madres judías, y la culpabilidad ha sido el pilar fundamental de nuestra educación.

Conclusión: deshacerse de cosas que están ocupando espacio es algo BUENO. Nadie te pedirá que le enseñes el pañuelo que te regaló en Navidad, nadie se preguntará dónde están los paños de cocina con citas de Audrey Hepburn y, por último, nadie te preguntará por qué nunca usas las copas de Martini que te dieron como regalo de bodas hace quince años. Y, si fuiste *tú* quien compró algo que no utilizas nunca, recuerda que todos cometemos errores. No lo empeores conservando aquello que no quieres.

Nuestros consejos para hacer limpieza con calma y sin lágrimas:

1. Ten bolsas a mano. Compra un paquete de bolsas de basura grandes. Prepara algunas bolsas para las cosas que vayas a tirar, otras para lo que vayas a donar y otras para lo que vayas a dar a amigos o familiares. Es muy importante que vayas metiendo las cosas en las bolsas a medida que haces limpieza, ya que este progreso te ayuda a mantener la motivación. Además, es muy gratificante ver cómo van desapareciendo en las bolsas las cosas que estaban en el suelo o en la encimera, en vez de moverlas de un montón a otro.

2. Traza un plan para lo que vayas a donar o regalar. Si no quieres que esas bolsas acaben cogiendo polvo en el maletero durante un año, es muy útil saber de qué manera vas a deshacerte de ellas. Por ejemplo, márcate en el calendario cuándo es la próxima recogida de donaciones que organiza la iglesia del barrio, o haz una lista de qué vas a regalar y a qué personas. Sé realista cuando hagas estos planes. ¿Quieres ir de acá para allá hasta Correos con quince regalos de boda sin abrir para enviarlos de uno en uno? Y esa bolsa de ropa que quieres vender por Internet, ¿de verdad vas a hacerlo o dejarás la bolsa abandonada con el resto de los trastos hasta olvidarte de que existe? Si crees que te vendría bien un poco de ayuda con esta tarea, llama a algún amigo para que te eche una mano.

3. Haz un montoncito (¡pequeño!) con las cosas que necesiten reparación o un arreglo. Un reloj al que le falte un eslabón, un iPad con la pantalla rota, una chaqueta que tienes que ajustar, etc. Todo esto puede clasificarse en un montoncito de especial interés. Mándalo a reparar todo lo antes posible y devuélvelo a su sitio, en tu casa recién renovada.

4. **Piensa en la opción de almacenar o archivar.** Cuando nos enfrentamos a ciertos objetos, la elección entre guardar o tirar no es la más adecuada. Nos referimos a todo aquello que quieres guardar en casa, pero que no necesitas tener a mano siempre. Las declaraciones de impuestos no deberían quedarse en el escritorio; tendrías que archivarlas en algún sitio adecuado para ello. Puedes guardar en un altillo o en el trastero las cosas que tengan valor sentimental en vez de tenerlas ocupando un espacio valioso en la vitrina del salón. La ropa de invierno no tiene por qué estar en la parte central de tu armario durante el verano; puedes guardarla temporalmente en un estante alto al que te cueste llegar sin un taburete.

5. **No pares.** Cuando empieces a coger el ritmo, no pares y lo dejes para otro momento. Detenerse y volver a empezar es una de las razones principales por las que la gente suele perder el interés y la motivación al abordar un proyecto de organización. Es como salir a correr (no es que sepamos mucho de ese tema, pero nos sirve como metáfora): si te estás entrenando para correr una maratón, pero corres solo cada dos semanas, es como si empezaras de cero cada vez. Te recomendamos encarecidamente que aproveches la motivación que tienes para hacer un cambio en tu hogar, agárrate a ese impulso y no lo sueltes por nada del mundo. Algo que te ayudará muchísimo es asegurarte de tener bastante tiempo para La Revisión. La fase de organización puedes hacerla poco a poco, pero procura realizar La Revisión de una sola vez. Por último, recuerda la norma principal para organizar sin dificultades que te va a servir para todo el capítulo: no abarques más de lo que puedas asumir.

6. **Haz un último repaso.** Antes de pasar a la siguiente fase, échale un último vistazo a los artículos que hayan quedado. Asegúrate de que todas y cada una de las cosas merecen el tiempo y la energía que dedicarás a colocarlas de nuevo en tu espacio. Si te sientes bien, ¡buena señal! Has terminado de forma oficial el proceso de revisión. Ahora puedes darte una palmadita en la espalda y tomarte un descanso. El resto del proceso es mucho más divertido.

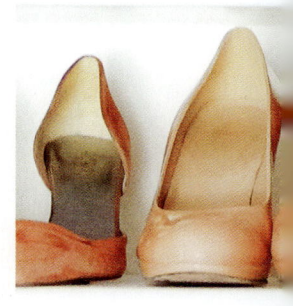

LA REVISIÓN 39

Cubiertos de aperitivo · Cucharas

Tenedores · Cuchillos

Cubiertos para servir

REGLAS *para saber de qué cosas deshacerte*

Con cada objeto que sometas a tu escrutinio, hazte las siguientes preguntas. Si te ayuda imaginarnos a las dos vigilándote, no pasa absolutamente nada, y no es nada raro.

1. **¿Lo necesito?** Algunas cosas forman parte de nuestra vida y tienen que quedarse para bien o para mal. No nos encanta la tostadora, pero tampoco vamos a deshacernos de ella por eso. Si la necesitas, puede quedarse.

2. **¿Lo utilizo?** ¿Lo he utilizado alguna vez? ¿Aunque sea una sola vez al año? Un buen ejemplo sería una bandeja especial para asar. Seguramente solo la utilices en Navidad, pero al menos puedes confirmar que la usas, aunque sea muy de vez en cuando.

3. **¿Quiero usarlo?** Esta pregunta suele presentarse cuando hablamos de cosas como heladeras, ollas de hierro fundido para *fondue* o máquinas para entrenamiento físico. Sí, tenemos muchas ganas de hacer cosas, pero el espacio es limitado. Trata de imaginarte haciendo helado en vez de comprar una tarrina directamente en el súper. ¿Te ves? Ya, nosotras tampoco.

4. **¿Me gusta?** No mientas. Si de verdad te gusta, consérvalo. Tienes nuestra aprobación para quedarte con todo aquello que te haga feliz. Si no te gusta, hazte la pregunta número 2 antes de deshacerte de él.

5. **¿Tiene valor sentimental?** Si la respuesta es sí, evalúa cuánto valor tiene para ti. *¿Es como la taza de cerámica que te hizo tu hijo en el colegio? ¿O como la porcelana fina de tu abuela que ni siquiera te gusta, pero que algún día pasarás a tu hija para que entonces sea su problema?* (Roberta, si estás leyendo esto, a Clea le ENCANTA la porcelana de la abuelita Nancy y, umh, qué ganas de que Stella la herede). Todo depende de si consideras que el objeto merece tener ese valor sentimental, así podrás decidir si quieres donarlo o guardarlo de forma adecuada. No es malo aferrarse a algo que te importe, aunque no te guste, mientras no acapare un espacio valioso en tu hogar. Para esto puedes utilizar las baldas superiores del armario, los altillos, un trastero o el garaje o incluso alquilar espacio en una empresa de guardamuebles, si es necesario. Lo importante es que esas cosas no ocupen los espacios de tu vida cotidiana, ya que no las vas a utilizar en tu día a día.

Comprar CON *cabeza*

No podemos dejar de hacer hincapié en lo importante que es evaluar SIEMPRE tu espacio antes de empezar a organizar. Esto es utilísimo para hacer balance de todas tus pertenencias y para entender mejor los parámetros del espacio. Durante el proceso, hazle fotos al espacio para poder utilizarlas después como referencia en la tienda. Si intentas tomar nota mental de las cosas que tienes y cuántos estantes tienes que ocupar, acabarás haciendo varios viajes a la tienda porque se te habrán olvidado cosas. Te ofrecemos los siguientes consejos, cuya eficacia ya ha sido comprobada:

- **Mide el espacio:** alto, largo y ancho. Para elegir el producto adecuado, tienes que saber las dimensiones del espacio hasta el último milímetro. Anota toda la información al detalle; por ejemplo, el largo del estante, la distancia entre uno y otro y las medidas de cada cajón.

- **Aumenta el espacio útil** eligiendo productos con los que aproveches bien cada estante. Cuando sepas qué elementos encajan mejor, podrás barajar opciones y decidir qué quedará más estético.

- **Valora la opción del espacio negativo** también. Por ejemplo, ¿quieres utilizar el suelo para colocar más objetos o bien dejarlo despejado? ¿Quieres aprovechar el espacio de las puertas o dejarlo abierto?

- **Lánzate a recorrer toda la tienda,** aunque estés organizando un solo espacio. Puede que encuentres algo perfecto para la cocina en la sección de baño (hola, soporte del papel higiénico).

- **Compra SIEMPRE recipientes de varios tamaños.** A menudo salimos de la tienda cargando con veintiocho bolsas, pero tenemos un buen motivo, de verdad. Debes tener varias opciones cuando estés organizando porque, seguramente, el objeto que creías que iba a ser perfecto al final no te sirve. ¡Sin problema! Inténtalo con los demás hasta que encuentres el que encaje mejor.

- **¡Compra al por mayor!** Siempre necesitarás más de lo que creías, así que compra recipientes de sobra, y ya devolverás el excedente.

- **Analiza tu estilo de vida.** Cuando compras productos para organizar el espacio tienes que pensar de forma realista en tu rutina diaria y en quién vive en tu casa. ¿Eres de los que tienen tiempo y energía al volver de la compra para vaciar cada caja de cereales en un bote o te viene mejor utilizar un recipiente grande para todas las cajas de cereales? ¿Tienes un sistema para encontrar cada pequeño objeto que guardas en las cajas de tus estanterías y no perder nada? No hay ninguna forma incorrecta de organizar mientras te lo plantees a largo plazo.

- **La coherencia es fundamental.** Trata de comprar los recipientes de almacenamiento del mismo diseño o, al menos, del mismo color. Los productos que combinan embellecen un espacio al instante, mientras cue los que no pegan entre sí pueden hacer que el espacio parezca desordenado. Si optimizas los materiales, todo quedará perfecto.

LA REVISIÓN 43

ARTÍCULOS DE ALMACENAMIENTO
sin los que no podemos vivir

Busca estos artículos en tu tienda de productos para el hogar:

CAJAS DE ZAPATOS. No son las típicas cajas de cartón en las que compras el calzado. Las que nos gustan son de plástico y con tapas a presión para que no les entre el polvo. Puedes utilizarlas para zapatos, pero también tienen muchos otros usos. Además, el plástico transparente es ideal para guardar productos de temporada (así recordarás lo que has guardado en ellas).

BANDEJAS GIRATORIAS. No solo sirven para el armario de las especias; también puedes utilizarlas para guardar las manualidades o los artículos de higiene personal o de lavandería o para ponerlas debajo del fregadero de la cocina, entre otros.

CAJAS CON DIVISORES Y COMPARTIMENTOS. Elige cajas sin tapa para acceder a los artículos con facilidad, como en los cuartos de juegos infantiles donde es necesario organizar las cosas de una forma rápida y eficiente. También puedes ponerlas en los estantes de los armarios para organizar accesorios pequeños y gafas de sol. Como pueden volcarse (y no están tapadas), procura que estén bien colocadas en una superficie estable, como en un estante con borde.

PERCHAS ANTIDESLIZANTES. ¡Fuera las perchas de alambre! En serio, ¿por qué molestarse en colgar cosas si resbalan y caen al suelo? Las perchas aterciopeladas son una bendición y aguantan cualquier cosa.

ORGANIZADORES DE PUERTA. En el interior de cada armario o despensa debe haber un organizador de puerta. Una búsqueda rápida en Internet te mostrará muchos usos: organizar zapatos, papel de regalo, las tapas de las ollas y sartenes. Si no has comprado este artículo recientemente, tú te lo pierdes.

ORGANIZADORES DE REVISTAS. Casi nunca utilizamos los organizadores de revistas para lo que en realidad sirven. Nosotras los preferimos para separar bolsos, carteras, cuadernos y material de papelería, juegos de mesa y cajas de rompecabezas.

CESTAS CON ASAS. Estas cestas son uno de los artículos que más utilizamos. Sirven para guardar cosas y permiten acceder fácilmente al estante superior.

CONTENEDORES PARA DESPENSA TRANSPARENTES. En nuestra nevera o congelador no entra nada que no esté guardado en un contenedor transparente. Son ideales para evitar derrames y para organizar tipos de comida.

CONTENEDORES FORRADOS. No pongas artículos delicados en recipientes donde se puedan enganchar. Busca cestas forradas. Además, estas le dan un toque elegante al dormitorio.

ALMACENAMIENTO POR NIVELES. Añade baldas escalonadas a tu despensa; te ayudarán a llegar más fácilmente a la parte posterior del armario.

Nuestro SELLO DE IDENTIDAD

Y ahora, la buena noticia: tras revisarlo todo e ir de compras, lo difícil ha terminado y puedes empezar oficialmente a ponerte a organizar de verdad. Porque, como dice el refrán: las cosas buenas llegan a los que agrupan y categorizan como es debido y no se saltan pasos. Este es el método que esconde nuestra locura.

FORMA Y FUNCIÓN *van de la mano*

Una de las razones por las que nos esforzamos en crear espacios lo más atractivos posible desde el punto de vista estético es que sabemos que para el cliente es muy motivador ver que puede mantenerlo así. La verdad es que la gente está más dispuesta a comprometerse con algo si se siente bien haciéndolo y todo queda bonito. Es como cuando te pones en forma y te motivas para seguir así. Solo tienes que recordarte a ti mismo: «Oye, ya has hecho lo más difícil, te has esforzado por lograr este cambio. Ahora solo hay que mantenerlo». La diferencia es que, en vez de hacer ejercicios cardiovasculares a primera hora de la mañana y comer yogur, solo tienes que comprometerte a dejar los cereales en su sitio. ¡Mucho más fácil! Se trate de unos brazos tonificados o de un cuarto de juegos organizado meticulosamente, sería una pena ver cómo se desperdicia todo ese trabajo duro.

Solo para que quede claro, cuando hablamos de mantenerlos, no nos referimos a que los espacios deban estar en perfecto estado de revista el ciento por ciento del tiempo. ¡Ni siquiera nuestras casas están a ese nivel! No todos nuestros cajones y armarios van a estar siempre perfectos, pero sí estarán bien porque (a) permitir un fallo en el sistema es muy delicado: a la que falla un detalle, puede desencadenarse un efecto bola de nieve; y (b) rodearnos de espacios atractivos y bien organizados nos hace muy muy felices.

Un ARCOÍRIS BRILLANTE

Uno de nuestros emblemas, lo que diferencia nuestros espacios de los de otros organizadores, es nuestra afinidad por los colores del arcoíris (rojo, naranja, amarillo, verde, azul, añil y violeta, para los que necesiten recordarlo) o bien el hecho de ordenar los artículos por color y organizarlos según el arcoíris. Esto es, en parte, una decisión de diseño: ordenar las cosas según el arcoíris es agradable visualmente, pero también es una herramienta de organización. Nuestro cerebro reconoce este patrón de forma innata y lo convierte en un esquema natural que da sentido al lugar donde colocamos las cosas.

    Ya sean artículos de farmacia, latas de refresco, bolsas de patatas fritas, piezas de LEGO o camisetas, si las colocas según el arcoíris, crea un efecto visual que fluye de forma natural y hace un clic en el cerebro. Ayuda a encontrar más rápido lo que buscas y a saber dónde hay que guardar cada cosa. Y, sin duda, es más agradable a la vista que cualquier otro método. En parte esto explica por qué nuestro sistema es tan fácil de usar, porque a veces no eres el único que lo usa. En cuanto a los niños, este método no solo les ayuda a saber dónde tienen que guardar las cosas a la hora de recoger, sino que también les inspira de forma creativa. De repente, la limpieza ya no es una tarea tediosa, sino un reto o un juego de organización. Por eso, te prometemos que el arcoíris tiene su lógica y resume perfectamente la unión entre estética y función.

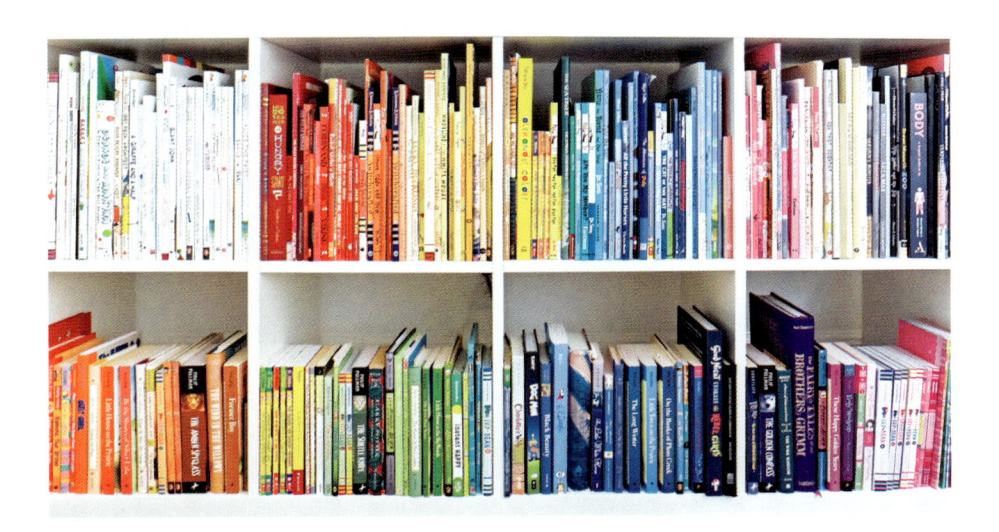

LA REVISIÓN

CADA COSA EN SU LUGAR

ETIQUETA, ETIQUETA, ETIQUETA

Otro sello característico, y además literal, que hace que nuestro trabajo sea único es el etiquetado. Pero, en contra de la creencia de que este toque final es solo la guinda de la organización, creemos que, en realidad, es el secreto para el mantenimiento a largo plazo. La clave para mantener un sistema no se basa en los envases que se eligen —aunque es fundamental—, sino en el etiquetado. Ya estén escritas a mano, mecanografiadas o bordadas, las etiquetas son un conjunto de instrucciones. Así como los colores del arcoíris forman un plan intuitivo (y también es un tipo de etiquetado en sí mismo), las etiquetas permiten identificar el tipo de contenido que va en cada recipiente, de modo que tú, tus hijos, tu pareja, tus huéspedes o quien sea sabrá de un vistazo dónde va qué.

Si los artículos permanecen en su sitio es señal de que has implementado bien el sistema de organización. Por eso es tan importante que las etiquetas sean correctas. Tienen que dar en el clavo, ir entre lo general y lo específico y abarcar una variedad ideal de categorías para que cuando guardes la comida, la ropa o tu nuevo alijo de materiales para manualidades no tengas casi ni que pensar en ello. Lo que necesitas es una hoja de ruta sencilla, que sea lo bastante flexible para permitir caprichos ocasionales. Lo que no necesitas son recipientes demasiado generales que te bloqueen, porque entonces empezarás a guardar cosas en cualquier sitio (porque estarán mejor ahí que en ninguna parte) y el sistema empezará a desmoronarse y, al final, habrá una anarquía total. Y como no queremos tener eso en la conciencia, a continuación señalamos algunas cosas que debes tener en cuenta antes de sacar el rotulador.

Piensa primero en las categorías generales y luego en las específicas. Las generales formarán un bloque más grande, por ejemplo, «Desayuno» en una despensa. Sin embargo, si te das cuenta de que tienes una gran cantidad de avena, puedes crear una categoría específica solo para ese ingrediente. En el baño mismo puede que tengas muchos productos para el pelo en general, pero también una amplia selección de champús en seco (ejem, lo del Estilo de Vida Listón Bajo, o lo que es lo mismo: lo del mínimo esfuerzo, ¿recuerdas?) En ese caso, puedes etiquetar un recipiente general como «Artículos para el pelo» y otro etiquetado y destinado exclusivamente a los «Champús en seco». Lo que hay que evitar es tener todos los recipientes de tipo específico, porque, inevitablemente, comprarás algo, lo llevarás a casa y no tendrás ni idea de dónde va. La regla de oro es decantarse siempre por las categorías generales, porque así no te equivocarás. Las categorías más detalladas deberían ser secundarias.

A continuación se muestran algunos ejemplos de etiquetas generales y específicas para varias estancias del hogar. No hay etiquetas correctas e incorrectas, lo importante es que abarquen todos los artículos.

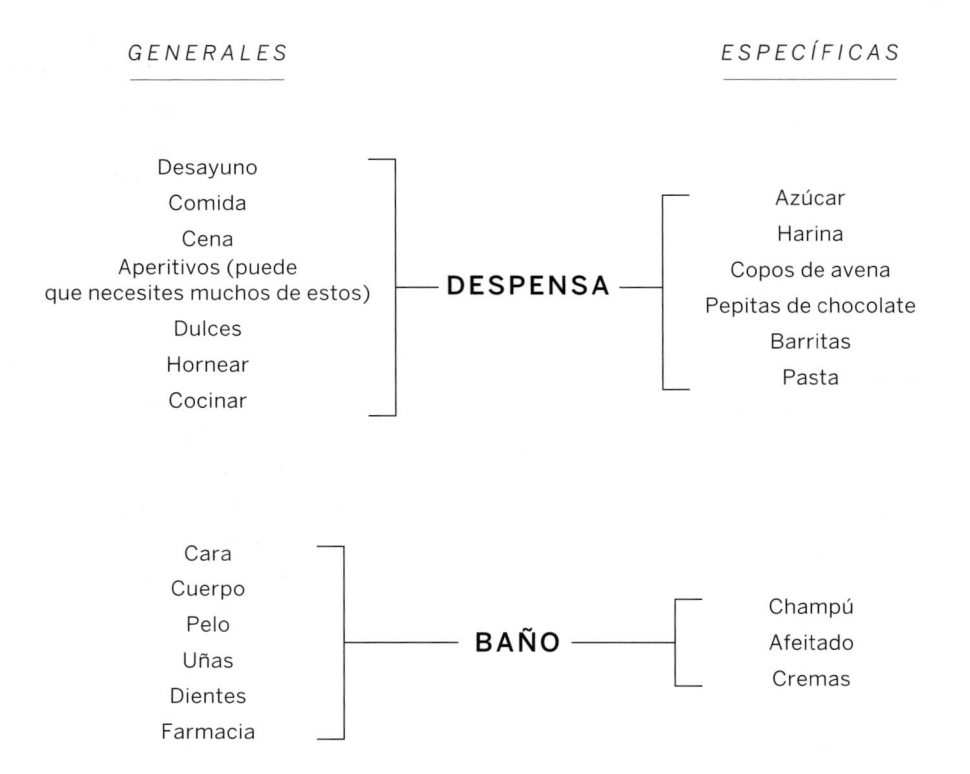

GENERALES *ESPECÍFICAS*

Desayuno
Comida
Cena
Aperitivos (puede que necesites muchos de estos) — **DESPENSA** — Azúcar
Dulces Harina
Hornear Copos de avena
Cocinar Pepitas de chocolate
  Barritas
  Pasta

Cara
Cuerpo
Pelo — **BAÑO** — Champú
Uñas Afeitado
Dientes Cremas
Farmacia

LAS 5 MEJORES ETIQUETAS QUE HEMOS CREADO

1. Cosas judías + Trucos de magia (nada superará esto)
2. Bebés, baberos y biberones
3. Pelucas y extensiones
4. Objetos que no puedo tirar
5. El vaquero al que aspiro

GENERALES   *ESPECÍFICAS*

ARMARIO

Generales:
- Camisetas
- Camisetas de tirantes
- Gorros
- Bolsos
- Prendas íntimas
- Pijamas
- Ropa de temporada
- Zapatos

Específicas:
- Sujetadores deportivos
- Pantalones cortos de entrenamiento
- Pantalones de chándal
- Natación
- Bolsos de mano

CUARTO DE JUEGOS

Generales:
- Bloques/construcción
- Muñecas/figuritas
- Juegos
- Animales
- Manualidades
- Deportes

Específicas:
- Barbies
- Personajes de Disney
- Rompecabezas
- LEGOS
- Utensilios de cocinita
- Comida de juguete
- Herramientas
- Juego de magia
- Varitas

LAVADERO

Generales:
- Productos para la colada
- Productos de limpieza
- Plancha
- Multiusos
- Hogar

Específicas:
- Detergente
- Toallitas secadora
- Suavizante
- Bórax
- Bombillas

ALMACENAMIENTO

Generales:
- Entretenimiento
- Exterior
- Vacaciones
- Valor sentimental
- Invierno
- Verano
- Niños

Específicas:
- Fuentes
- Toallas
- Adornos de Halloween
- Juguetes de playa

La Organización

Cuando nos planteamos escribir este libro, lo veíamos como un libro de cocina (lo cual es paradójico, porque no cocinamos). Aun así, nos parecía una analogía adecuada: queríamos ofrecerte una colección de recetas organizadas junto con fotografías inspiradoras, con la esperanza de que, si seguías dichas instrucciones, obtuvieses resultados similares.

Para este recetario, queríamos enseñarte a montar y organizar las estancias de la casa tal y como lo hacemos nosotras. El resultado final no será un buen cocido, pero recuperarás tu cordura y tu hogar. Abarcaremos muchos aspectos en esta sección y recorreremos toda la casa, pero no te agobies; Roma no se construyó ni se organizó en un día. El objetivo de enseñarte varios espacios con estéticas y grados de dificultad distintos es ayudarte a reunir la inspiración necesaria para que la apliques a tu propio hogar cuando estés preparada para afrontar el desafío. Además, si necesitas ir más despacio al principio, puedes organizar todos los cajones de la casa hasta que estés lista para organizar todo en un espacio más grande y sentirte igual de bien. Ten presente nuestro lema Estilo de Vida Listón Bajo (ver página 26) y todo saldrá bien. Recuerda: los primeros pasos también son pequeñas victorias. Y las mallas *son* pantalones.

ENTRADA

Empecemos por la entrada, un espacio que varía bastante entre una casa y otra. Para algunos es un simple recibidor; para otros, un armario de abrigos al costado de la puerta principal. Sin embargo, lo que todos tenemos en común es que, cuando entramos por la puerta de nuestra casa, necesitamos un sitio donde dejar inmediatamente nuestras cosas. Incluso en el apartamento más pequeño de la ciudad de Nueva York hay un perchero en la pared o una mesa pequeñita para dejar las llaves y el correo.

Haz inventario de todos los artículos que entran y salen de tu casa diariamente. Aquí podrían incluirse mochilas, abrigos, gorros, bolsos, paraguas, correo, llaves, etc., pero cada casa tiene diferentes categorías. Después, piensa un momento en el lugar donde colocas todo de forma natural al cruzar la puerta. Por ejemplo, ¿se acumulan los zapatos en el suelo? ¿Termina el correo en la encimera de la cocina? Cuando hayas determinado todo lo que debes tener en cuenta, diseña una solución que se ajuste a tus necesidades y a tu espacio.

LAS 5 MEJORES FORMAS DE TENER UN RECIBIDOR PERFECTO SIEMPRE

1. Vivir solo.
2. Asegurarte de que tus hijos utilicen una entrada distinta.
3. No tener cosas.
4. Cambiar tu dirección de correo por la de tus vecinos y recoger tus cartas una vez a la semana.
5. Empezar a salir sin zapatos o chaquetas, así no habrá nada que quitarse al entrar por la puerta.

O bien... aceptar que no va a estar perfecta SIEMPRE, aunque la limpieza cuente como ejercicio cardiovascular.

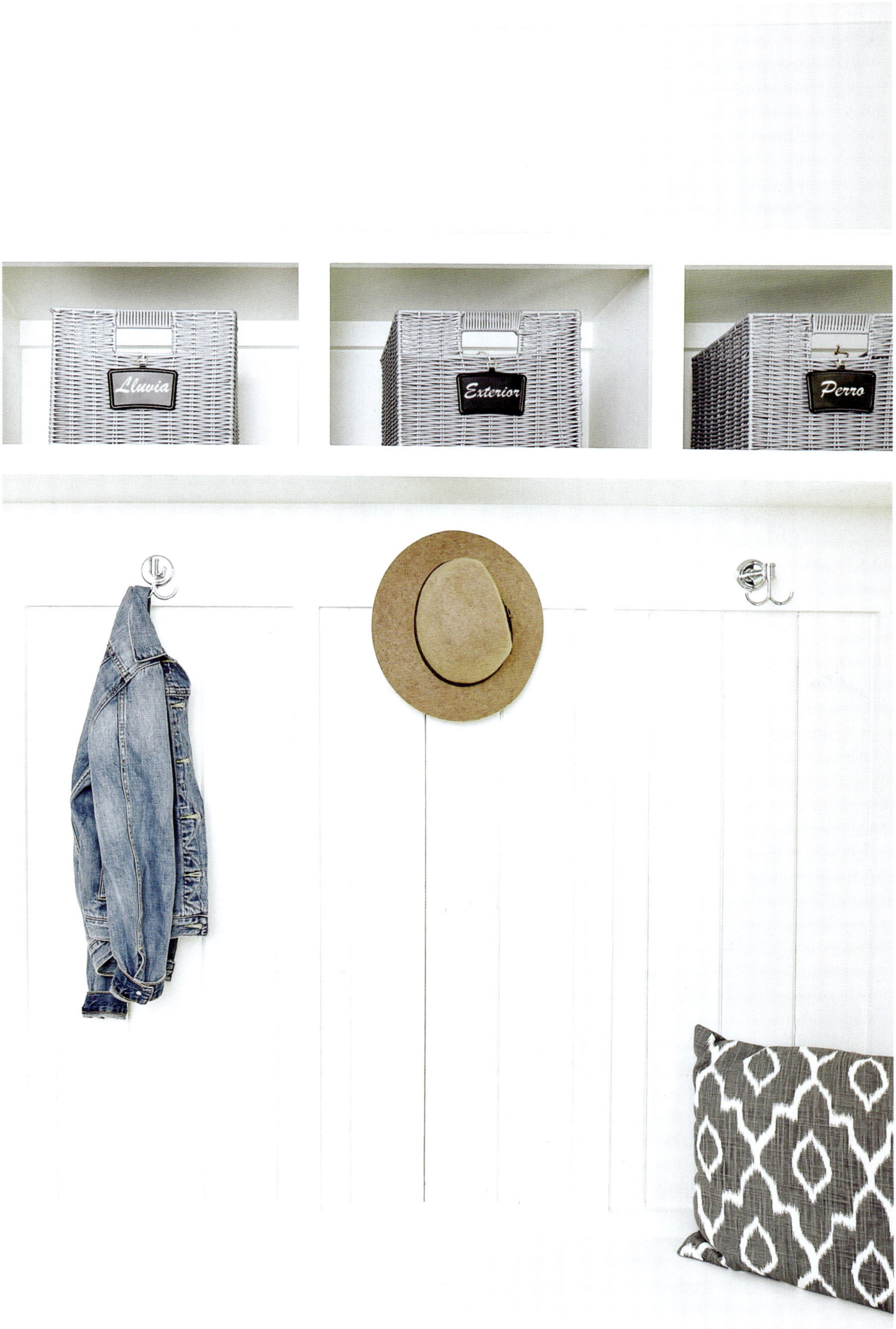
Lluvia
Exterior
Perro

RECIBIDOR IMPROVISADO

Algunas entradas solo tienen espacio para una mesa y poco más. El truco es maximizar el espacio de todas las formas posibles para que todas las categorías permanezcan organizadas. En tan solo 0,3 m², creamos un sistema de fácil mantenimiento para una familia de cuatro personas.

1. Los objetos decorativos en la mesa evitan la acumulación de abrigos y bolsos (estos elementos deben colgarse en un perchero o armario cercanos).

2. Una mesa con cajones pensada para dejar el correo, las llaves y las gafas de sol.

3. Una cesta con compartimentos y etiquetas bajo la mesa para dejar mochilas (una por niño) y carpetas.

ENTRADA

56 CADA COSA EN SU LUGAR

ENTRADA

RECIBIDOR TRADICIONAL

En general, un recibidor estándar tiene tres o cuatro estanterías integradas e incluye percheros y compartimentos, lo que equivale a un lienzo en blanco para la organización. Un recibidor también puede acabar pareciéndose a la zona de taquillas de una estación, por lo que es buena idea diseñar una zona para cada miembro de la familia. Así cada uno será responsable de su propio espacio.

1. Los artículos de temporada y de uso poco habitual se colocan en cestas, en estantes superiores de difícil acceso.

2. Un perchero para cada miembro de la familia.

3. Los gorros de lana y los guantes para el invierno y las gorras y la crema solar para el verano se guardan en cajas bajas con tapa.

4. Cestas de zapatos para cada niño (claramente etiquetadas).

ENTRADA

ENTRADA

1

2

3

4

RECIBIDOR DE MOLLY SIMS

El vestíbulo de Molly Sims es otro ejemplo de disposición tradicional, aunque los asientos acolchados y la pintura lacada le dan un toque más glamuroso. Sin embargo, los principios de organización siguen siendo los mismos que en el vestíbulo anterior: percheros para cada miembro de la familia y cestas para las categorías restantes.

1. Las toallas extra y los artículos voluminosos se guardan en los armarios superiores.

2. Los artículos de exterior son accesibles y fáciles de coger antes de salir por la puerta.

3. Los artículos de deporte y actividades extraescolares tienen cestas designadas.

4. Al tener dos cestas de zapatos por niño tenemos un espacio de almacenamiento amplio para toda la familia.

RECIBIDOR PLAYERO

De vez en cuando, tenemos que darle un giro divertido a lo tradicional. Pensándolo bien, ¿un recibidor playero es el encargado de darnos las hamacas y las sombrillas al llegar a la playa? Ahora en serio, en vez de guardar sombreros y guantes, aquí tendremos las cremas solares y las gafas de buceo.

1. Más sombreros de paja y toallas enrolladas para ir a la playa.

2. Cajas para pulverizadores y cremas solares, más sombreros, gafas de sol y artículos para la playa.

3. Cestas ligeras para zapatos en el estante inferior.

CONSEJO:
Coordina los sombreros y las toallas que reservas para los invitados, para darle una pincelada de estilo al espacio.

ENTRADA

CADA COSA EN SU LUGAR

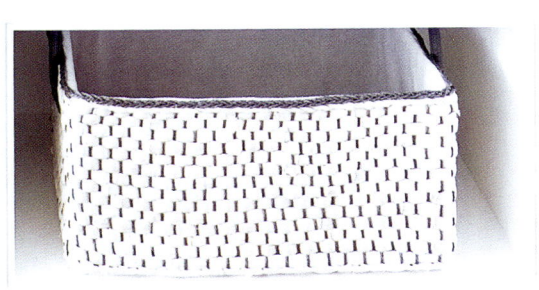

ENTRADA

ENTRADA

ARMARIO MULTIUSOS

Nos gusta aprovechar *al máximo* cada centímetro cuadrado de almacenamiento. Si tienes un armario en el recibidor o un armario de almacenamiento, piensa en todas las categorías que podrías guardar en él. En este caso, creamos zonas para cada categoría y podremos guardar abrigos, zapatos, impermeables y artículos de uso general y de farmacia.

1. Artículos de uso general y para el hogar en el estante superior.

2. Productos de farmacia, bienestar y de primeros auxilios guardados de forma visible en recipientes transparentes.

3. Dos o tres pares de zapatos para cada miembro de la familia.

4. Cestas en la base para guardar artículos de verano e invierno.

CONSEJO:

Si tienes hijos, es buena idea guardar los medicamentos para adultos en un estante más alto y dejar a su alcance los artículos más seguros, como las vendas.

ARMARIO PARA ABRIGOS

Que sea un armario para abrigos no significa que solo podamos guardar esta prenda. Puede haber artículos de cualquier tipo, siempre y cuando estén bien guardados y etiquetados. En este caso, teníamos que guardar artículos de exterior y otros útiles para las visitas cerca de la puerta trasera para que fueran accesibles fácilmente desde la terraza, por lo que un armario para abrigos era la solución perfecta.

1. Contenedores opacos para ocultar los artículos sueltos.

2. Excedente de dichos artículos detrás de los contenedores.

3. Perchas resistentes para los abrigos más pesados.

Exterior Exterior

ENTRADA

ENTRADA

Jabón Delantales

Patucos

Baile

Fútbol

Karate

1
2
3
4
5
6

RECIBIDOR DE CHRISTINA APPLEGATE

Christina presume de su estatus de supermamá en su recibidor. Sí, su carrera la tiene muy ocupada, pero aun así se acuerda de los tentempiés que debe llevar a los partidos de fútbol. Le dijimos que, si nos daba clases de crianza y cuidado de los niños, estaríamos encantadas de organizarle todas las mochilas de baile, los uniformes de karate y las botas de fútbol.

1. Los productos de farmacia más útiles y el botiquín de primeros auxilios no ocupan espacio en la cocina.

2. Gorros y sombreros, en percheros.

3. Los uniformes y las mochilas de las distintas actividades se guardan en contenedores ligeros con asas, para que los niños puedan acceder a ellos fácilmente.

4. Cestas con botellas de agua para cogerlas rápidamente antes de salir de casa.

5. Encimera despejada para las cartas y los paquetes.

6. Zapatos en compartimentos individuales y fuera del suelo.

CONSEJO:
Guarda los electrodomésticos más pesados en los estantes inferiores. ¡Es más práctico y seguro!

LA ORGANIZACIÓN 69

LA COLADA

Hacer la colada no nos apasiona, pero organizar el cuarto de la colada sí encaja con nuestra idea de pasarlo bien (dicho esto, somos expertas en organización, NO en diversión, así que tampoco te lo tomes demasiado en serio). Los lavaderos y los cuartos de la colada son uno de nuestros espacios favoritos para organizar por diferentes motivos:

1. Ya sea que vivas sola o que tengas una gran familia, es un espacio que se utiliza constantemente y viene muy bien que sea funcional. Y, como buenas apasionadas del orden, nos encanta poder ayudar con esa transformación.

2. Los cambios pequeños y el mínimo posible de productos contribuyen mucho a transformar el espacio.

3. Aliviar el quebradero de cabeza del espacio en este *cuarto* facilita mucho la tarea de hacer la colada. Más o menos. Sigue sin gustarnos.

Algunas personas se esfuerzan muchísimo para tener un cuarto de la colada de revista, mientras otras lo tienen escondido en un rincón de la casa. Sinceramente, nos gustan las dos opciones. Si el espacio está diseñado de una forma bonita, nos gusta acentuar lo estético con una funcionalidad diseñada de la misma manera. Y si el espacio es una monstruosidad la mires por donde la mires, lo transformaremos en algo tanto práctico como digno de Instagram.

Antes de embarcarnos en la aventura de rehacer tu cuarto de la colada, piensa bien en las categorías que quieres almacenar. Obviamente habrá detergente, pero ¿qué me dices del quitamanchas, las toallitas para la secadora y demás limpiadores? ¿Necesitas espacio para los paños y las toallas? ¿Deberías dejar espacio para doblar la ropa o haces eso en otro lugar? Pensar en las categorías y el proceso de lavado que prefieres te ayudará a establecer un plan de ataque. Aunque el plan cambie después, será un buen punto de partida.

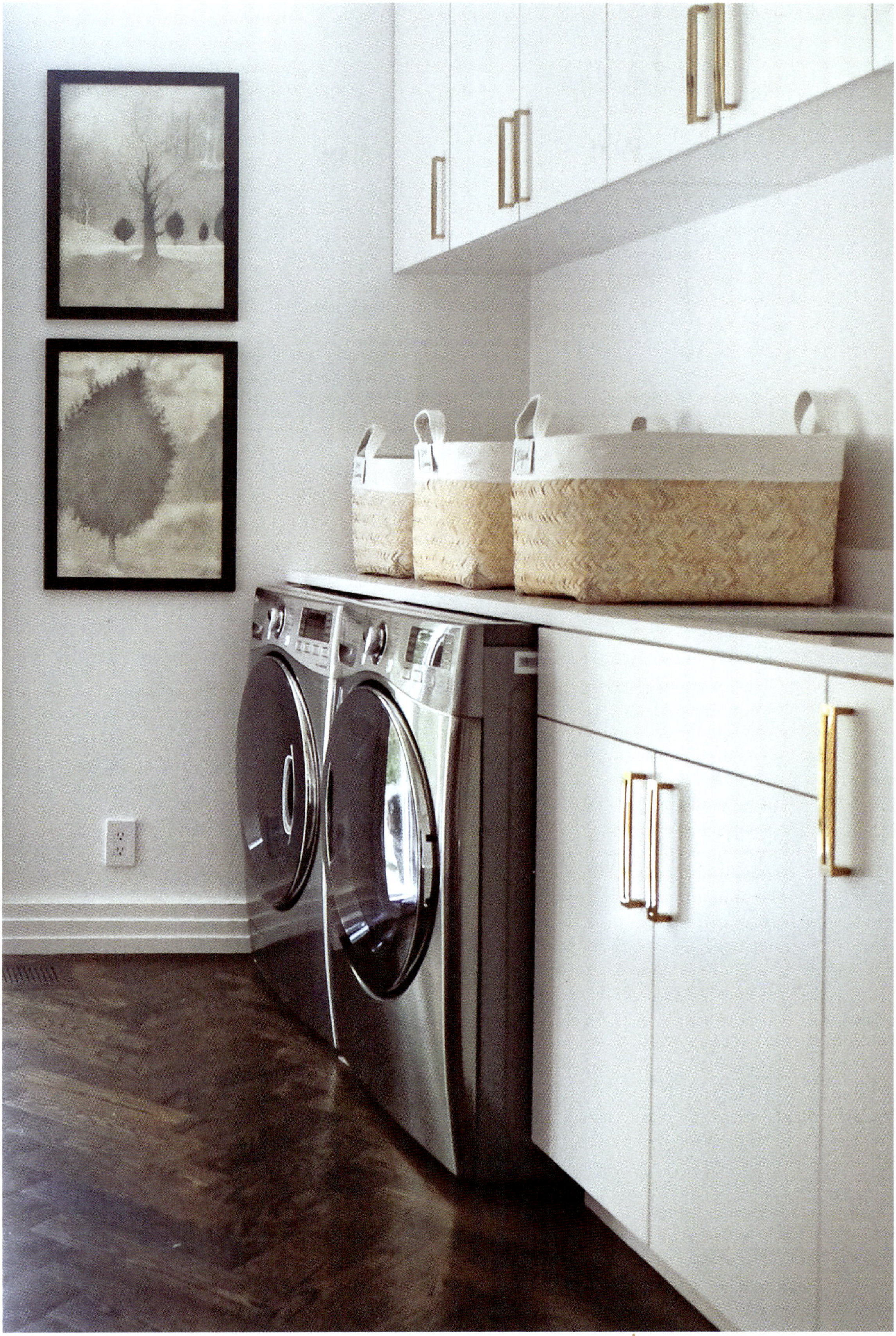

EL ARMARIO CON LO ESENCIAL

Reconócelo: esto suena divertido, ¿verdad? Cajas de color blanco brillante con pulverizadores y detergente y una caja para tener la plancha a mano crean un sistema sencillo con un diseño limpio y definido.

1. Las esponjas, en contenedores pequeños y fáciles de sacar.

2. Etiquetas enormes de color negro para que contrasten con los contenedores blancos.

3. Cajas de plástico con asas que se puedan limpiar con facilidad.

4. Botes grandes de detergentes que encajen bien después de ajustar la altura de los estantes.

CONSEJO:
No escatimes con las etiquetas. Cuando puedas, ¡hazlas con letras grandes y atrevidas!

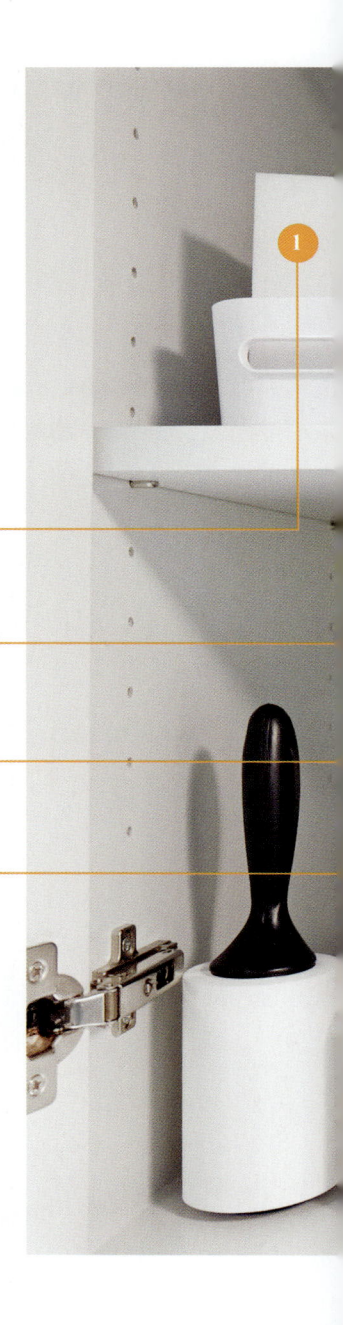

LA ORGANIZACIÓN 73

LA COLADA

74 CADA COSA EN SU LUGAR

EL LAVADERO SIN ESPACIO DE ALMACENAMIENTO

A veces, a una habitación bonita en una casa bonita puede faltarle funcionalidad. Este lavadero era elegante y tenía estilo, pero no había ni una sola estantería ni armario. ¡Nada que un buen cesto no pueda solucionar! Aprovecha la encimera o la parte superior de la lavadora y, *voilà!*, el problema del almacenaje está solucionado.

1. Productos y artículos para la colada y papel de regalo colocados en cesto extragrande.

2. Detergentes y limpiadores especiales alineados en una bandeja.

3. Espacio sobrante reservado para doblar la ropa.

EL LAVADERO DE UN SOLO ESTANTE

Un estante es mejor que ninguno, ¿no? ¡Solo tienes que usarlo bien! Estos dos espacios tienen productos para la colada, para la limpieza en interiores y en exteriores, así que adoptamos un enfoque similar para almacenar las categorías en cada hogar.

1. El detergente y las cápsulas para la lavadora en tarros con tapadera le dan un toque sofisticado con un coste muy bajo. ADEMÁS, puedes ver fácilmente cuándo toca reponerlos.

2. Artículos de limpieza diaria y de colada, en contenedores abiertos para tenerlos más a mano.

3. Productos del hogar y protector solar, en contenedores con tapa algo más escondidos.

CONSEJO:
Con métodos de almacenaje apilable, el cielo es el límite, ¡literalmente! Apila tanto como puedas y ganarás mucho más espacio.

LA COLADA

LA COLADA

1
2
3
4

EL LAVADERO-ALMACÉN ENORME

No todo el mundo tiene un lavadero en el que puedas dar una fiesta, pero, si eres uno de los afortunados que lo tiene, lo mejor es tener organizados todos los armarios y cajones, sobre todo cuando guardas más que productos para la colada. De lo contrario, se puede convertir fácilmente en un cajón de sastre hecho habitación.

1. Productos para la colada, artículos del hogar y herramientas organizados en los armarios superiores.

2. Una encimera despejada que permite doblar sábanas y toallas.

3. Galletas para perros, expuestas en un bote en la encimera.

4. Los cestos para la ropa, los grandes y con ruedas, son ideales para los hogares grandes, ya que lo ponen más fácil a la hora de recoger y clasificar la colada.

EL ARMARIO DE LA COLADA INTERMINABLE

Hacer montones y montones de colada para una familia grande es algo terrible. Pero imagina un mundo en el que disfrutas de un breve momento zen cada vez que abres el armario para coger el detergente. No decimos que esa sensación vaya a durar más que un programa de centrifugado, pero ¡todo ayuda!

1. Los recipientes etiquetados separan los productos caros y especializados de los quitamanchas más corrientes.

2. Los recipientes esmaltados con cacitos de acero realzan el humilde detergente en polvo.

3. Los detergentes líquidos se alinean en la balda inferior para acceder a ellos fácilmente.

COSAS QUE HACER Y NO HACER EN UN LAVADERO

USA recipientes que se puedan limpiar con facilidad con un trapito cuando el detergente líquido se derrame; esto es inevitable.

NO USES cestas de tela decorativas, a menos que quieras que queden manchadas de azul para siempre.

USA un tarro para las cápsulas para la lavadora y tira el bote de plástico en el que vienen.

NO GUARDES el detergente en otras habitaciones de la casa, porque no tendría ningún sentido.

GUARDA artículos de otras partes de la casa en el lavadero.

LA ORGANIZACIÓN 81

LA COLADA

Higiene bucal

Varios

Pañales

Pañales

EL ARMARIO DE LOS REPUESTOS

Los lavaderos no suelen servir para guardar *solamente* productos para la colada. La mayoría de las veces, las estanterías y los armarios permiten almacenar otras cosas, desde bombillas y pilas hasta comida para perros y artículos de bebé. Siempre y cuando mantengas las categorías separadas y etiquetadas, cualquier cosa vale.

1. Artículos de higiene bucal y personal organizados en contenedores.

2. Si envolvemos los rollos de papel higiénico antes de colocarlos en el estante, evitamos que les entre polvo.

3. Las baldas se ajustan para aprovechar mejor el espacio vertical.

4. Las cajas llenas de pañales facilitan un cambio rápido.

CONSEJO:
Deshacerte del exceso de envoltorios al llegar a casa te dará un acceso más inmediato a los artículos y tus recipientes y contenedores quedarán mucho más bonitos.

LA SOLUCIÓN DE «NO OLVIDES LA PUERTA»

Nos gusta mucho, MUCHÍSIMO, utilizar la puerta para almacenar más cosas. Es como hacer magia, porque consigues guardar más cosas sin ocupar más espacio. Como ya habrás observado, nos emocionamos mucho con cosas que podrían ser cuestionables en la escala de las emociones, pero así es la vida de una organizadora profesional. El espacio y el almacenamiento nos dan vidilla.

1. Los artículos de repuesto se quedan en la parte superior porque no hace falta echar mano de ellos constantemente.

2. Los artículos más pequeños como esponjas o paños se organizan en cestas cortas para puertas.

3. Los pulverizadores y demás soluciones de limpieza encajan a la perfección en cestas más altas para puertas.

4. Las cestas se etiquetan según la categoría de limpieza y el tipo de habitación.

LA COLADA

LA SOLUCIÓN DEL ESTANTE ABIERTO

Tener estanterías abiertas puede ser complicado porque te ves obligado a mantenerlas bonitas en todo momento. Y aún es más peliagudo cuando las estanterías en cuestión están en una zona de uso frecuente como es el lavadero. Como no te puedes permitir el lujo de cerrar la puerta del armario, procura que no haya nada fuera de lugar en los estantes y así todo se verá bien bonito.

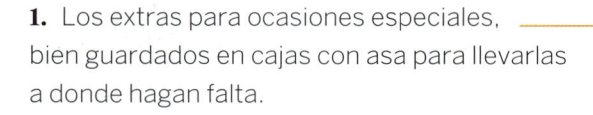

1. Los extras para ocasiones especiales, bien guardados en cajas con asa para llevarlas a donde hagan falta.

2. Los productos del hogar que se usen a menudo se organizan en cajas apilables transparentes.

3. Los artículos para la limpieza y la colada se guardan en cajas abiertas para acceder rápidamente a ellos, pero el diseño opaco ayuda a ocultar los envoltorios poco atractivos.

4. La ropa de deporte más raída se puede guardar en una caja aparte.

CONSEJO:

El almacenaje en contenedores apilables transparentes es una forma excelente de ver los artículos que más usas y acceder a ellos fácilmente. Estas cajas pesan poco, se apilan con firmeza y puedes identificar lo que contienen con o sin etiqueta (aunque ya sabes cómo somos con el tema de las etiquetas, así que ponle una, ¿vale?)

LA COLADA

LA ORGANIZACIÓN   87

LA COLADA

88 CADA COSA EN SU LUGAR

EL LAVADERO DE KAREN FAIRCHILD

Sin lugar a dudas, uno de los lavaderos más bonitos en los que hemos estado es el de Karen Fairchild, del grupo de música *country* Little Big Town, diseñado por la supertalentosa Rachel Halvorson. Lo que nos gusta incluso más que el increíble espacio es que funciona como habitación multiusos. Hay un escritorio, encimeras para doblar, cajones para el papel de regalo y armarios para los productos de la colada. Las obras de arte que cuelgan de las paredes aportan inspiración para que no te sientas aislado del resto de la casa mientras haces la colada. Es un lavadero de ensueño hecho realidad.

1. Cestas etiquetadas para cada miembro de la familia.

2. Los archivadores encima del escritorio mantienen los documentos importantes en orden y a mano.

3. Los armarios cerrados evitan que los productos para la colada estén por medio mientras no se usan.

LA COLADA

CUARTO DE BAÑO

Los cuartos de baño son otras habitaciones que nos encanta organizar. Ya, ahora mismo estarás pensando que decimos que todas las habitaciones son nuestras favoritas, pero no es verdad. Los garajes, los sótanos y los áticos no nos gustan tanto. Pero un cuarto de baño es DIVERTIDÍSIMO, y las posibilidades son infinitas. Otra cosa buena de trabajar en un cuarto de baño es que las categorías están bastante definidas y, por lo general, se mantienen de un hogar a otro. Casi siempre se organizan los artículos en los siguientes grupos:

CARA
PELO
HIGIENE DENTAL
BAÑO + CUERPO

Y posiblemente algunos o todos estos grupos adicionales:

OJOS
MAQUILLAJE
UTENSILIOS PARA EL PELO
BASTONCILLOS Y BOLAS DE ALGODÓN
PRODUCTOS DE REPUESTO
VIAJE

Y dependiendo de lo limitados que sean el espacio y el tiempo que tengas, es probable que acabes creando grupos dentro de esos grupos. Por ejemplo, tu categoría de maquillaje puede subdividirse en colorete, labios y ojos. Estos pasos adicionales siempre son opcionales, así que no te agobies, que quien mucho abarca poco aprieta. Si consigues agrupar y organizar tus categorías básicas pero no te ves con energía para clasificarlas aún más, ya es un gran logro. Ya harás los retoques necesarios más adelante (¡te sorprendería lo fácil que es separar el champú seco de la laca mientras sostienes una copa de vino!)

Baño
+
Belleza

CUARTO DE BAÑO

1

Tratamientos

2

Hidratantes

Limpiadores *Aceites*

3

EL ARMARIO PARA EL CUIDADO DE LA PIEL

Los armarios del baño sirven para guardar mucho más que el botiquín hoy en día. Como gozan de una situación privilegiada en el cuarto de baño, tendemos a utilizarlos para los productos de uso diario. Para este armario del botiquín sin botiquín hemos creado un lugar dedicado a las rutinas faciales de todos los días.

1. Las categorías se agrupan en limpiadores, hidratantes y tratamientos.

2. Eliminamos el exceso de envoltorios para guardar los envases en un cajón que nos ahorre espacio, para que se puedan colocar más mascarillas faciales encima.

3. Los contenedores con compartimentos ayudan a separar las subcategorías más específicas.

CONSEJO:

Siempre es importante medir bien los espacios antes de comprar los productos, pero los armarios de baño son especialmente complicados. Presta especial atención a la profundidad de cada balda y a las bisagras de las puertas, que podrían estorbar al colocar las cajas.

EL CAJÓN PARA EL CUIDADO DE LA PIEL

Si en tu baño no hay espacio para un armario, puedes echar mano de un cajón. Casi todos los botes pueden colocarse tumbados en lugar de en vertical, solo procura que los tapones estén bien cerrados para evitar derrames.

1. Los cargadores con formas irregulares y otros utensilios siempre estarán fijos en un rincón para maximizar la superficie de la encimera.

2. Agrupamos los productos por marca mejor que por categoría para mantenerlos en sus juegos.

3. Los bastoncillos y las bolas de algodón van separados en cajitas con compartimentos.

CONSEJO:

Las bandejas para cajones no solo ayudan a la hora de organizar, sino que también protegen el cajón de los productos que puedan gotear o derramarse.

CUARTO DE BAÑO

CUARTO DE BAÑO

EL CUARTO DE BAÑO SIN CAJONES

Si tienes un cuarto de baño sin cajones, puedes añadir almacenamiento extra con módulos de pared o carritos independientes. Ambas opciones aportan funcionalidad y elementos de diseño únicos, así que le darán un toque divertido a un baño estándar. Además, es muy entretenido dar vueltas con tu carrito con ruedas cuando necesitas reponer algo (no digas que no hasta que no lo pruebes).

1. Los productos para el baño y para el cuerpo se colocan en el módulo metálico de pared.

2. Se añaden velas y objetos decorativos para hacer la habitación más acogedora.

3. Las toallas dobladas y los rollos de papel higiénico van en el carrito acrílico.

EL CAJÓN DE DIARIO

El cajón de «diario» es el gran éxito del cuarto de baño. Aquí van los artículos imprescindibles que usas dos veces al día sin excepción: cepillo y pasta de dientes, lentes de contacto, toallitas para la cara..., lo que más se ajuste a tu rutina diaria. En esta ocasión, el cajón de diario también hace las veces de cajón para los productos de repuesto. Cuando necesites una cuchilla o un cepillo de dientes nuevo, lo tendrás esperándote ahí mismo.

1. Las toallitas para la cara muy voluminosas se organizan sin el envoltorio protector, pero ayudan a asegurar los demás artículos a ambos lados.

2. Las categorías se separan con organizadores modulares en distintos tamaños.

3. Los artículos que se usan a la vez se colocan juntos en el cajón.

CUARTO DE BAÑO

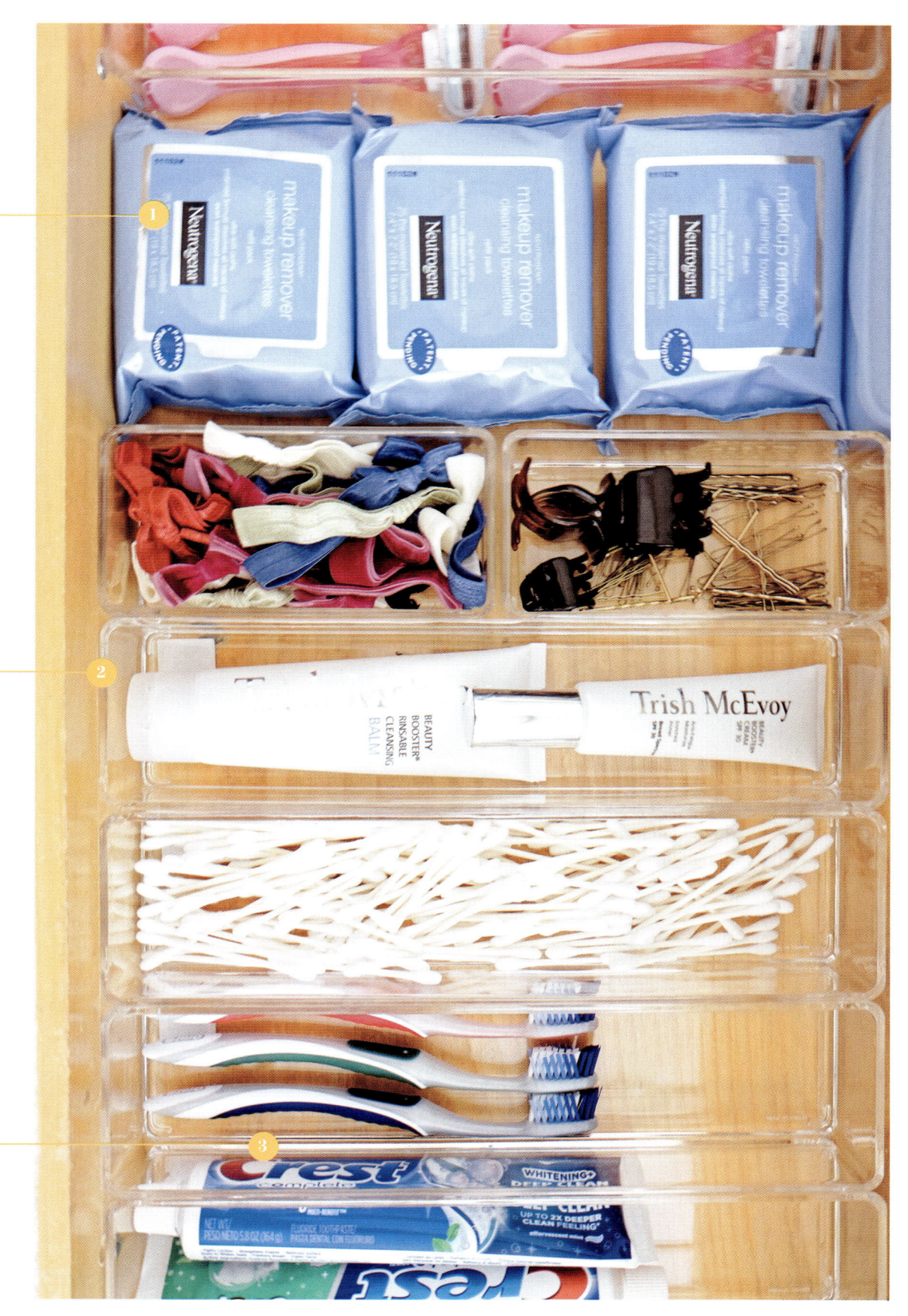

DEBAJO DEL LAVABO

El espacio de debajo del lavabo es tan importante como el almacenamiento de debajo del fregadero en la cocina, y no deberíamos pasarlo por alto. En muchas ocasiones, es el mejor lugar para colocar los botes más grandes de champú, los productos para el pelo, las lociones y más, ¡así que dale un buen uso!

CUARTO DE BAÑO

CADA COSA EN SU LUGAR

1. Cajones extraíbles profundos para aprovechar la profundidad del mueble.

2. Productos de repuesto para el pelo y la cara y productos de maquillaje organizados en contenedores por separado.

3. Las cajitas dentro del cajón del maquillaje evitan que los artículos pequeños rueden de un lado para otro.

ARMARIO ABIERTO PARA LA ROPA DE HOGAR

En teoría, la ropa de cama y las toallas se ven perfectas en baldas abiertas. Lo malo es que no vives en un hotel ni en un balneario (TODAVÍA..., siempre hay esperanza) y nunca conseguirás un aspecto tan inmaculado cuando intentes imitar el montoncito de toallas en tu propia casa. Pero, con ayuda de unos cuantos cestos, conseguirás que todo quede bien sin perder la cordura.

1. Rollos de papel higiénico apilados en filas.

2. Cestos transparentes para las categorías fáciles de ver.

3. Las toallas de mano y de cara bien dobladas quedan guardadas de forma ordenada.

CONSEJO:
El papel higiénico se puede guardar en una cesta en el suelo si no hay ningún estante cercano disponible, pero compra rollos con el empaque protector para evitar que cojan polvo.

CUARTO DE BAÑO

102 CADA COSA EN SU LUGAR

CUARTO DE BAÑO

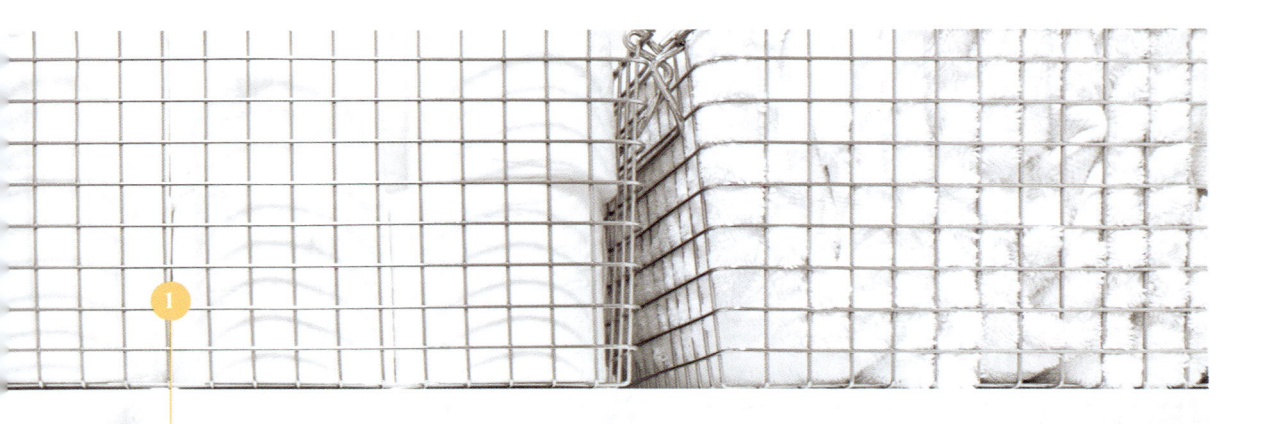

LA ORGANIZACIÓN 103

Productos depilación

Manicura

Rostro

Uñas

CUARTO DE BAÑO

104 CADA COSA EN SU LUGAR

LA BONITA ESTANTERÍA DE LOS REPUESTOS

Las estanterías abiertas normalmente se reservan para cosas que se quieren enseñar, como platos o libros. Los productos de baño adicionales, sin embargo, se guardan normalmente donde no se vean, escondidos tras las puertas de los armarios y dentro de los cajones. Pero añadir productos y categorías bien definidas puede darle un giro a la habitación.

1. Las cajas transparentes en las baldas superiores contienen, de forma ordenada, los productos de repuesto sin abrir.

2. Los productos voluminosos para el cuidado facial y del cabello se guardan en contenedores más discretos que oculten el contenido.

3. Los artículos más bonitos, como el esmalte de uñas y un kit de manicura, se guardan en organizadores portátiles.

CONSEJO:

Siempre que sea posible, elige cajas que queden alineadas con el filo de la balda. Esto crea un estilo personalizado que mejora visualmente el espacio (¡independientemente de lo que guardes dentro!)

CAJÓN DEL BAÑO DE INVITADOS

Montar un baño de invitados es divertido porque puedes incluir cosas que no usarías normalmente en tu día a día. Ya sea un dentífrico sofisticado o artículos de tocador lujosos. Puedes darte el capricho sabiendo que no son productos para todos los días.

1. Los productos para el baño o para el cuerpo se colocan bien alineados detrás de los organizadores para mantenerlo todo en su lugar.

2. Los dentífricos de tamaño viaje van organizados por color en el orden del arcoíris.

3. Los artículos de cuidado bucal y facial, bien dispuestos en sus compartimentos.

CONSEJO:
¡Un cajón del baño de invitados es el lugar ideal para practicar tus habilidades organizativas! Implica muy poco riesgo (a no ser que tengas una madre particular llamada Roberta), ya que no se usa todos los días, ¡así que no puede salir mal!

CUARTO DE BAÑO

LA ORGANIZACIÓN 107

CUARTO DE BAÑO

ALMACENAMIENTO EN LA ENCIMERA

Algunas personas prefieren tener el maquillaje sobre la encimera para tenerlo a la vista y otras tienen que utilizar la encimera porque les falta espacio. Si perteneces a cualquiera de esos dos grupos, las cajas acrílicas apilables pueden cambiarte la vida. Vale, puede que tu vida no, pero sí tu cuarto de baño.

1. El maquillaje se puede guardar en esta torre simple o dispuesto en una configuración diferente. Las distintas secciones se pueden extraer mientras usas los artículos.

2. Los productos para la cara, los ojos y los labios están categorizados y guardados en cajoncitos modulares acrílicos de varios tamaños para personalizarlos al gusto.

3. Los productos van alineados en cada cajón para que la referencia del color se vea siempre que sea posible.

ARMARIO PARA LOS PRODUCTOS DEL BAÑO

Si tienes la suerte de disponer de un armario para guardar cosas en el baño, añádele cajas de almacenamiento que dejen los productos a la vista. Cuando los pulverizadores y los productos típicos de botiquín estén bien organizados, ¡no te importará mirarlos!

1. Los productos de farmacia y primeros auxilios se organizan en una bandeja giratoria y en cestas colgantes.

2. A las cápsulas con el nombre visible y la dosificación marcada en los envoltorios internos se les quitan las cajas.

3. Los productos de limpieza están organizados en una bandeja giratoria, con el papel higiénico apilado a uno de los lados para rellenar el espacio.

CONSEJO:

A veces tienes que ser creativa. Las cestas colgantes ayudan a guardar artículos a los que necesitas acceder con facilidad. Además, te permiten aprovechar al máximo la altura de los estantes.

CUARTO DE BAÑO

CUARTO DE BAÑO

Exfoliantes — *Tonificadores* ①

②

Desmaquillantes — *Limpiadores* — *Sueros*

③

Ojos — *Lociones* — *Tónicos*

Pomelo — *Naranja* — *Coco* ④

ORGANIZACIÓN POR AROMAS

A veces, cuando estamos organizando un espacio, surge un tema muy concreto y nos damos cuenta de que es una categoría en sí. En este caso, entre los limpiadores y las lociones, nos percatamos de que los aromas necesitaban sus propias etiquetas: pomelo, naranja y coco. ¿A que es divertido tener un grupo de pomelo? Todos merecen sus quince minutos de fama, hasta los productos de baño con aroma de cítricos.

1. Los contenedores pequeños dividen cada categoría de artículos pequeños.

2. Los contenedores apilados en la balda superior sirven para aprovechar la altura.

3. Una balda intermedia para almacenar los artículos más compactos ayuda a maximizar el espacio en el resto de las baldas.

4. Las categorías se agrupan por olor y no por tipo para que puedas ajustar la fragancia según tu estado de ánimo.

EL ARMARIO DE «ESPERA QUE HAY MÁS»

¿Qué haces cuando crees que has clavado las categorías, pero luego descubres que hay más? Te presentamos el armario de los productos de repuesto. Y estos repuestos extra resultaron particularmente satisfactorios, porque ayudaron a reafirmar nuestro compromiso con las categorías basadas en el aroma que elegimos para el otro armario del baño (véase la página 113).

1. En la balda superior colocamos los esmaltes de uñas (no pierdas la oportunidad de ordenarlos en arcoíris); los demás productos para la manicura van en el cajón de debajo.

2. Una categoría por aroma para ganar funcionalidad (y tener cierta victoria personal).

3. Los productos para el baño y el cuerpo con botes muy altos pueden colocarse en vertical en cajones modulares de distintos tamaños.

CONSEJO:

Cuando quieras almacenamiento transparente para mayor visibilidad pero no quieras que todos tus artículos personales estén expuestos, un contenedor transparente esmerilado te ayudará a conseguir ambas cosas.

CUARTO DE BAÑO

DESPACHOS EN CASA

A veces, los despachos son muy agradables para trabajar y otras..., no tanto. El motivo es que nunca sabemos qué nos vamos a encontrar, porque cada uno es diferente. Algunos despachos guardan una tonelada de archivos y papeles, otros están orientados a las manualidades y a la envoltura de regalos y otros son para negocios que se llevan desde casa. Y luego hay otros en los que se archivan documentos de hace décadas (ejem, estos no son nada divertidos). Por lo tanto, cuando nos preparamos para ordenar un despacho, encaramos la tarea con inquietud, y luego dejamos escapar un suspiro de alivio o nos concienciamos para el día largo que nos espera.

Dicho esto, te enseñaremos los distintos despachos que hemos organizado y de los que más orgullosas estamos para ayudarte a ordenar tu zona de trabajo. Y, dado que cada despacho es distinto, te animamos a que vayas cogiendo las ideas que más te inspiren de estos proyectos y adaptes el espacio que mejor se ajuste a las necesidades de tu hogar.

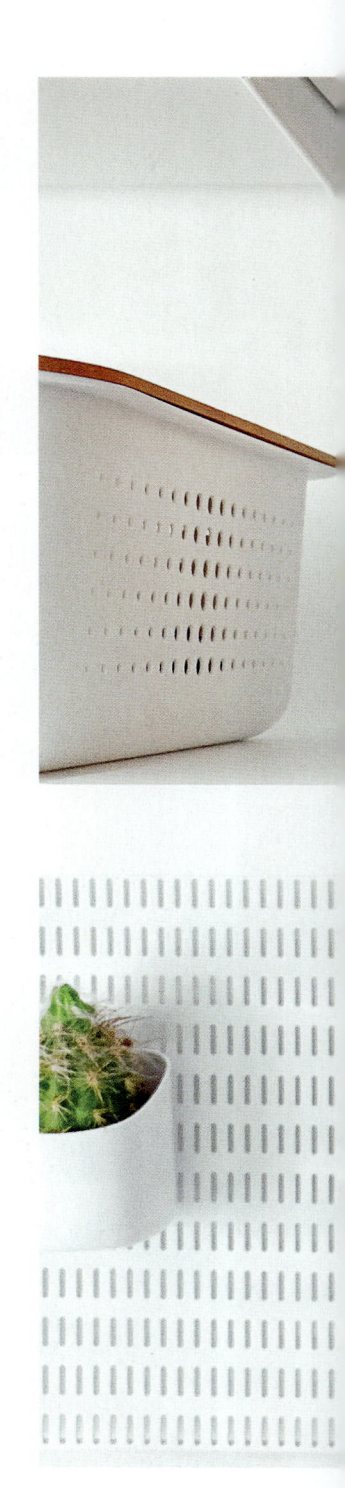

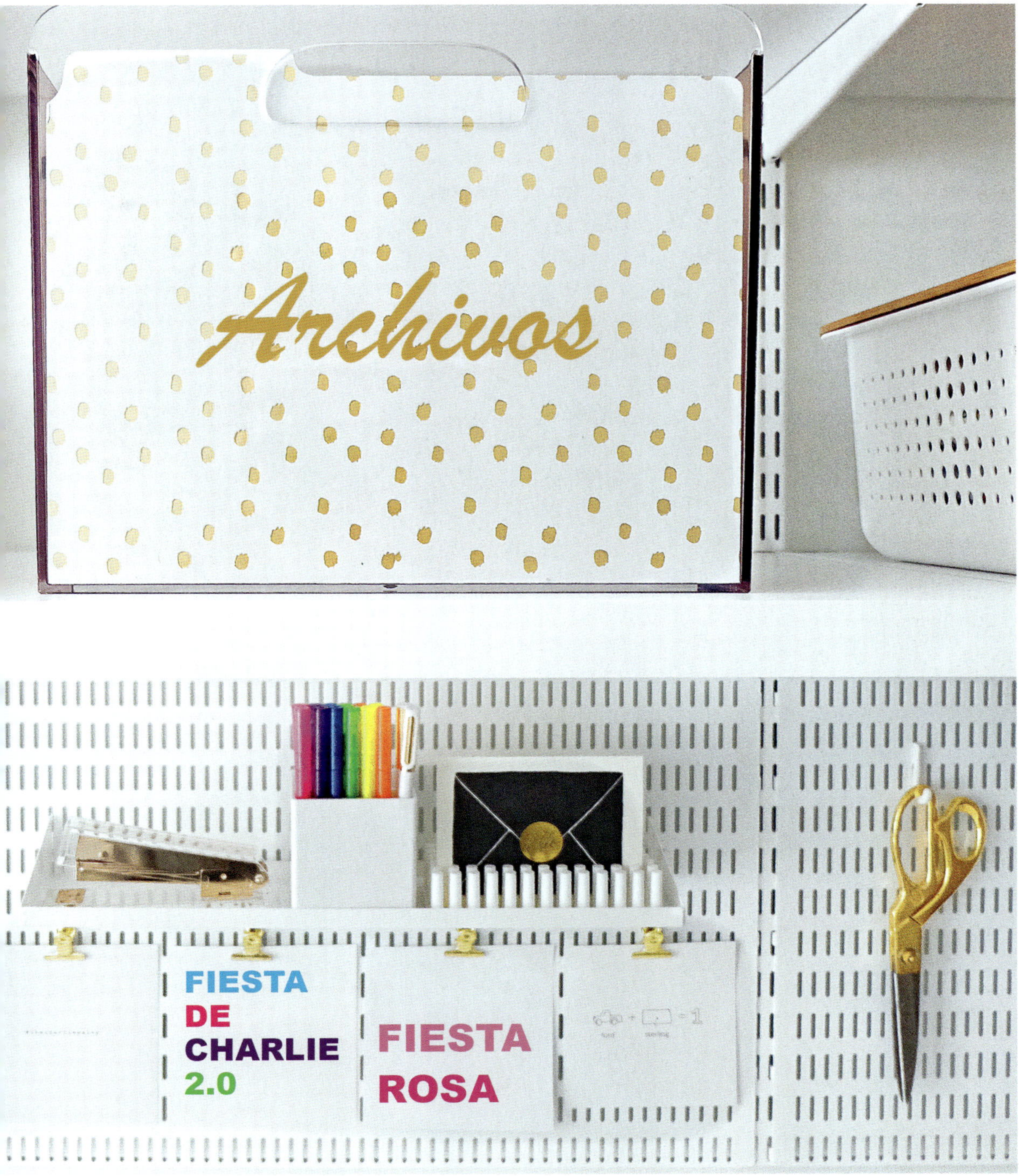
Archivos
FIESTA
DE
CHARLIE
2.0
FIESTA
ROSA

EL TALLER DE JOYERÍA

Aquí va un consejo: si alguna vez has ordenado siete millones de cuentas diminutas, abalorios y cristalitos del tamaño de un grano de quinoa (seguro que no somos las únicas que tenemos tales problemas), no guardes bajo ningún concepto las cuentas en una bandeja para galletas para clasificarlas. ¿Por qué no? Pues porque se mezclarán y formarán una cadena de doble hélice como el ADN y ya no podrás retroceder en el tiempo para evitar semejante desastre.

    No obstante, después de estar tres días clasificando cuentas más pequeñas que un grano de arena, reunimos todo a la perfección y quedamos contentísimas con el resultado. También es una suerte que sigamos hablándonos, porque la situación fue... un poco delicada.

1. En el estante superior colocamos unas cajas decorativas para guardar los objetos con valor sentimental.

2. Utilizamos organizadores transparentes con compartimentos para recoger todas (y sí, nos referimos a todas) las diferentes variedades de cuentas.

3. Los organizadores se adaptan a los objetos: 24 compartimentos para las cuentas más pequeñas, 5 compartimentos para las más grandes y los abalorios más gruesos.

DESPACHOS EN CASA

DESPACHOS EN CASA

EL CAJÓN «¡MAMÁ, NECESITO UN LÁPIZ!»

Justo cuando pensábamos que teníamos un lugar único para nosotros —un despacho dedicado solo a nuestras necesidades—, nos acordamos de que somos padres y eso no existe. ¿Te suena? Lo mejor es dejar sitio para los materiales que todos piden en casa constantemente y ahorrarte así el tiempo y la energía para encontrarlos.

1. Compartimentos separados para guardar los bolígrafos, los subrayadores, los lápices, un sacapuntas para cuando se acaba la punta y un portaminas para esos momentos en que todo falla y hay que terminar los deberes.

2. Las tarjetas de regalo van en un compartimento más pequeño; son ideales cuando necesitas darte un capricho.

3. Un dispensador de cinta adhesiva y una grapadora a juego con los separadores transparentes.

ESTANTERÍAS AHUMADAS

Cuando nuestros proyectos involucran a una pareja, solemos centrarnos en ella y sus cosas, pero, de vez en cuando, también echamos un cable al marido. En este caso, nos alegramos de organizar una habitación con este negro tan elegante y de elegir las opciones de almacenamiento más acordes con el armario.

1. Para separar los objetos con valor sentimental, desde documentos familiares hasta fotos, utilizamos cajas archivadoras.

2. Para darle un toque de diseño, pusimos libros blancos y negros a ambos lados de las cajas archivadoras negras.

3. Para guardar los accesorios voluminosos y los artículos de viaje, optamos por una caja cuadrada que encajara en la balda.

4. Para guardar los dispositivos electrónicos, los cables y el papel para impresora, utilizamos cajones de plástico apilables.

CONSEJO:
Crea una base para tus dispositivos (móvil, portátil, etc.) para que puedas desconectar de ellos mientras se estén cargando.

DESPACHOS EN CASA

DESPACHOS EN CASA

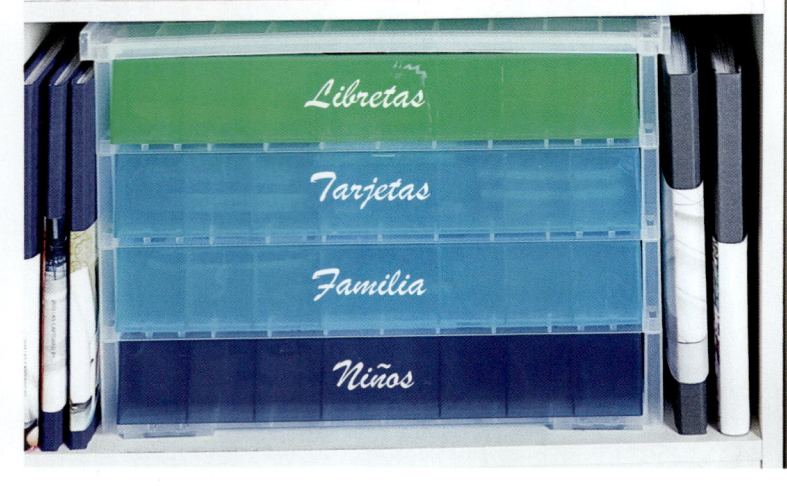

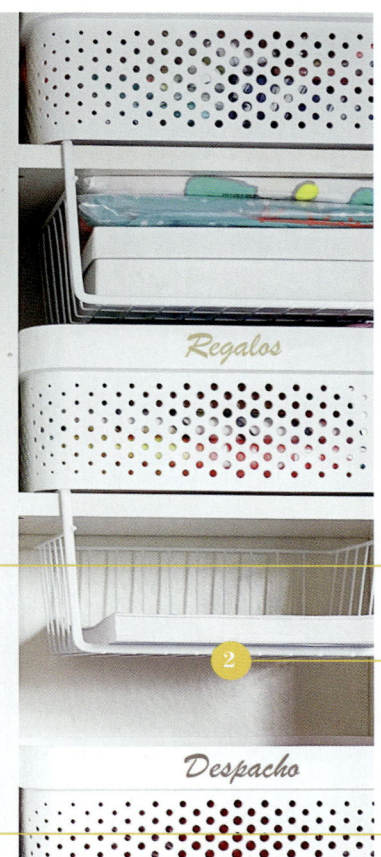

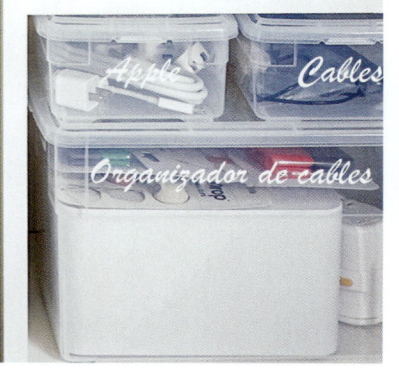

DESPACHO DE JOY CHO

Sabíamos que debíamos darle un extra de color a este proyecto para Joy Cho, creadora de la marca ¡Oh Joy! Ella es la reina del estampado y el color, y una estética en blanco y negro no iba a funcionar. Así pues, cuando encontramos estos cajones con los colores del arcoíris, supimos que era el ideal.

1. Cada niño tiene su propia caja para las cosas de valor sentimental; los recuerdos familiares y las fotografías se guardan en cajas para fotos.

2. Para aprovechar al máximo el espacio de la estantería, colocamos contenedores abiertos y organizadores colgantes.

3. Las manualidades, las tarjetas y los materiales se guardan en los cajones de colores.

> *CONSEJO:*
> La mayoría de las personas no tienen tiempo para crear un álbum de fotos, así que, con nuestro estilo de vida sin complicaciones, somos muy partidarias de usar cajas para fotos.

OFICINA EN LA PARED

Si quieres tener tu propio espacio pero no tienes un despacho, puedes montártelo muy fácilmente usando una pared libre. Solo necesitas un módulo de pared y un poco de espacio. Para este despacho improvisado escogimos una parte de la habitación de invitados. Cuando no hay visitas en casa, es el lugar perfecto para evadirse y trabajar. Y cuando tengas invitados, puedes convertirla con facilidad en una mesa con una bonita cesta para las toallas y los productos de higiene personal.

1. El módulo de pared incluye un escritorio y varios estantes.

2. Los materiales de oficina transparentes y de tonos dorados se colocan en un tablero metálico.

3. Guardamos en cajones los demás materiales de oficina (los menos bonitos) para mantener el escritorio despejado.

DESPACHOS EN CASA

128 CADA COSA EN SU LUGAR

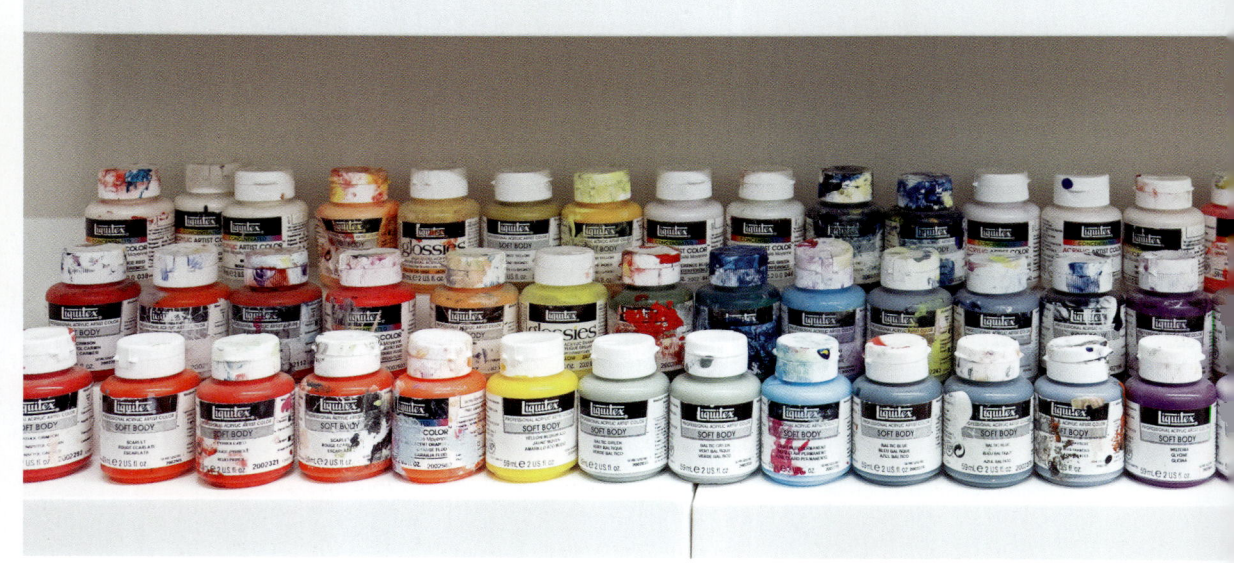

EL TALLER DE ARTE

A veces un despacho no es un despacho normal, es un espacio creativo en el que divertirte todos los días y, además, ganarte la vida. ¡Y nos encanta! Cuando entramos por primera vez en este taller de arte nos quedamos boquiabiertas. ¡Era supercolorido! Nos moríamos de ganas por empezar, y conseguimos crear arcoíris sobre otros arcoíris al alinear los muchos botes de pintura.

1. Los pinceles están colocados en un contenedor parecido al que se usa para los cepillos para el pelo (a fin de cuentas, son casi lo mismo).

2. Los botes de pintura se disponen en estantes a tres niveles.

3. La pintura está ordenada según el tipo y el tono para mayor inspiración y comodidad.

CONSEJO:

Cuando compres los productos, ten amplitud de miras, ¡literalmente! No te límites a la sección de material de oficina, porque puedes encontrar materiales mucho más útiles en otras partes de la tienda. Camina por los pasillos y baraja todas las opciones que puedas (siempre puedes devolver lo que no funcione). Solo recuerda: **vive el presente y llena el carro, que para arrepentirte siempre hay tiempo.**

DESPACHOS EN CASA

LA ORGANIZACIÓN 129

PUESTO DE CONTROL

Si tienes mucho papeleo en casa, facturas interminables y horarios escolares que no puedes perder de vista, lo más probable es que tengas que organizarte los documentos y las listas de tareas. Para las personas que encajen en esta descripción, hemos creado un puesto de control para guardar todos los papeles, tanto los entrantes como los salientes.

1. Todo el papeleo extra y los proyectos terminados se guardan en cajas de documentos.

2. En las cajas acrílicas y los archivadores encontramos los proyectos de casa y los documentos del negocio.

3. En el escritorio colocamos las tarjetas y el material de papelería para que ponerse a escribir sea más fácil.

CONSEJO:

Reserva un rincón bonito para escribir notas y cartas; así contrarrestas el momento menos bonito de revisar facturas y hacer el papeleo.

Planificación de eventos

Eventos de Israel

Etc.

Tarjetas

Sobres

Papeles

Papeles casa

DESPACHOS EN CASA

DESPACHOS EN CASA

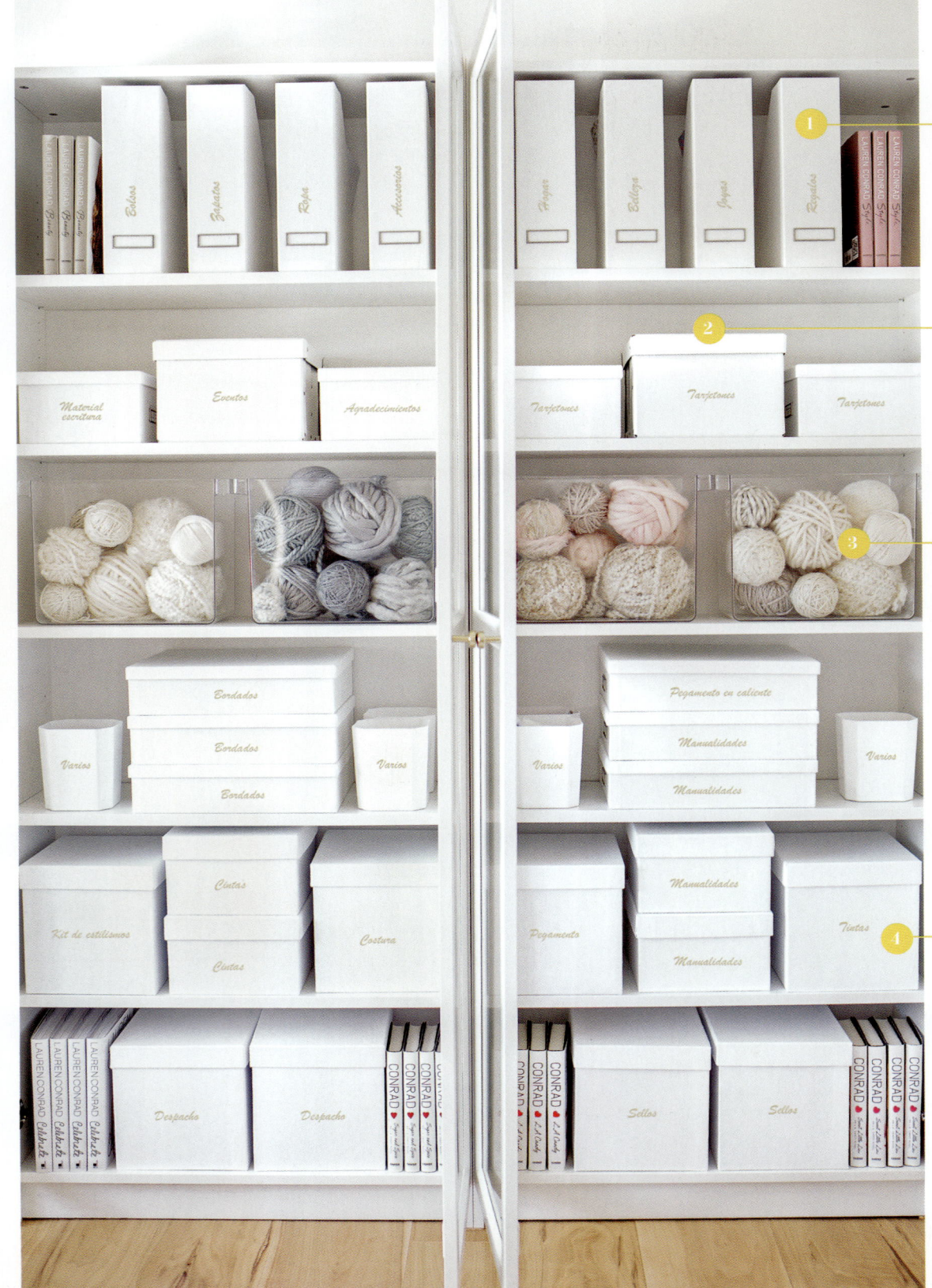

EL ARMARIO
DE ARTESANÍA
DE LAUREN CONRAD

Tenemos un puñado de proyectos que siempre estarán en nuestra lista de «Favoritos absolutos de todos los tiempos», y el despacho de Lauren Conrad está en lo más alto de la clasificación (de todos modos sería imposible elegir un solo ganador, porque esto es como escoger entre mamá y papá). Lauren prefería guardar todos sus materiales de artesanía, costura y trabajo en cajas blancas para ocultar el contenido, pero nosotras quisimos destacar su magnífica colección de ovillos y nos dejó utilizar contenedores de plástico transparente. Y así fue como nos sentamos en el suelo, todas felices, jugando con los ovillos como gatitos.

1. Las revistas están organizadas por categoría en archivadores.

2. Las tarjetas de agradecimiento y otros artículos de papelería se guardan en cajas para fotografías.

3. Las cajas acrílicas destacan los hermosos ovillos de lana por color.

4. Las cajas de regalo blancas se usan para guardar cosas y son de la tienda de comercio justo de Lauren, The Little Market.

CONSEJO:

Siempre que sea posible, separa los contenedores para darles su espacio vital. El espacio y la separación aportan elegancia al conjunto.

EL ARMARIO DE MATERIALES

No todo el mundo tiene espacio para un cubículo de oficina y mucho menos para un despacho entero. Aun así, las tijeras, los materiales y el papel para la impresora deben guardarse en algún lado. Cuando andas corta de espacio, aprovecha los armarios al máximo. Puedes transformar cualquier armario vacío (¡hasta en la cocina!) en un lugar para guardar el material de oficina en casa.

1. En las cestas de las baldas superiores guardamos los proyectos en curso.

2. En las cajas acrílicas colocamos los folios blancos y de color.

3. En los cubos podemos guardar perfectamente los pinceles y las tijeras.

4. Los organizadores con compartimentos son geniales para mantener ordenados los materiales escolares y de arte.

Folios de color

Tijeras

2 *Folios*

Materiales

...ales

DESPACHOS EN CASA

LA ORGANIZACIÓN 135

DESPACHOS EN CASA

Labores de punto ①

Papel de regalo

Cordeles ②

Artículos de fiesta

Pompones

Manualidades *Juegos de artesanía* *Juegos de artesanía* *Cuero*

Manualidades *Pistola de pegamento* *Adhesivos* ③ *Esponjas y sellos*

Estampado *Pintura en aerosol* ④ *Pintura en aerosol* *Juegos de pintura*

Pintura acrílica *Pintura especial*

Pintura acrílica ⑤ *Pintura acrílica*

EL ARMARIO DE ARTE Y MANUALIDADES

No hay nada que nos cause más satisfacción que agrupar por categorías y color unos tubos de pintura o unos rotuladores. Y aunque la purpurina sea el herpes del mundo de las manualidades, siempre que no impregne nuestras casas, no nos importa ordenarla también.

1. En los estantes superiores e inferiores colocamos los materiales más grandes de arte y de costura.

2. En cajas de ordenación ligeras y con tapa guardamos los artículos de fiesta y de regalo.

3. Los kits de bricolaje y artesanía se colocan en contenedores transparentes para identificar los objetos con facilidad.

4. En las cajas más grandes dejaremos los materiales de pintura en envases altos, las latas de aerosol y los pegamentos para mantenerlos en posición vertical.

5. En bandejas apilables podemos guardar los tubos pequeños de pintura y aprovechar así el espacio al máximo.

ZONAS DE JUEGO

Las primeras cuatro áreas que hemos cubierto ya son para ayudarte a encarar los cuatro espacios siguientes, que son, sin duda, más complicados. Sin embargo, el proceso es el mismo solo que aplicado a las habitaciones más complicadas de la casa. Y aunque el cuarto de juego o la habitación infantil tenga más cosas para organizar que el armario de un recibidor, recuerda que todo empieza de la misma manera: sácalo todo, agrupa las cosas, reduce y colócalo todo por categorías en un sistema organizado, etiquetado y sostenible.

No obstante, si necesitas más consejos sobre esta zona peliaguda y pringosa (los niños tienden a esconder piruletas a medio comer), aquí te damos algunos trucos más.

CADA COSA EN SU LUGAR

LA ORGANIZACIÓN 139

ZONAS DE JUEGO

LAS 5 MEJORES FORMAS *de* ALIGERAR DE COSAS A TUS HIJOS
(que ya tienen demasiadas para empezar)

1. **Haz el trabajo sucio cuando no estén en casa.** En cuanto se vayan a la escuela, a casa de un amiguito para jugar o hasta cuando se queden dormidos por la noche, recorre tu casa con un saco cual ladrón y echa en él todo lo que no esté clavado. O, si te sientes generosa, deshazte, como mínimo, de los objetos con los que no han jugado en meses.

2. **Nunca le preguntes a tu hijo si le gusta ese juguete u objeto.** De repente, se sentirán atraídos hacia aquel animal de peluche al que nunca han hecho ni caso. Sigue tu instinto y tu sentido común para deshacerte de los objetos que sabes que ya no usan.

3. **Si a algún juguete le faltan piezas, ten por seguro que no las encontrarás.** Nunca. Déjate de dolores de cabeza y tira ese juguete incompleto.

4. **Si te preguntas si tus hijos echarán en falta algún juguete cuando no lo tengan, guárdalo en el garaje o en un armario durante un par de meses.** Nos gusta llamarlo «purgatorio», el lugar donde los objetos aguardan para saber qué destino les espera. Si por una casualidad tu hijo te preguntara por algo que no está en casa, finge que estás pensando y di: «Mmm, veré si lo encuentro». O siempre puedes decir la verdad: «Ay, ¡no sé dónde lo puse!» Algún día se darán cuenta de que «¡No sé dónde lo puse!» significa tirar las cosas a la basura, pero, con suerte, hoy no es ese día.

5. A ver, esto es muy importante, así que escúchanos con atención. **No guardes ningún detallito que les den en fiestas infantiles.** Esas baratijas tienen una vida útil máxima de veinte horas en tu casa. No tengas piedad y deshazte de ellas cuanto antes. A nuestros hijos solo les dejamos de margen lo que dura el trayecto de vuelta a casa.

LA ORGANIZACIÓN 141

CAJÓN DEL MATERIAL ESCOLAR

Puesto que practicamos lo que predicamos, empecemos con el espacio más sencillo de la zona de juego: un cajón. En este caso, un cajón con ceras, bolígrafos, rotuladores y subrayadores, porque nunca se sabe cuándo hay que hacer un trabajo para la escuela y, parafraseando el lema de los Boy Scouts, hay que estar siempre preparadas.

1. Los materiales básicos para colorear se guardan en un cajón con separadores.

2. Separamos las ceras según el color para evitar la inevitable búsqueda de la única cera que quieren.

3. Disponemos los materiales en el orden de los colores del arcoíris (rojo, naranja, amarillo, verde, azul, índigo y violeta), puesto que ayuda a desarrollar la creatividad de los niños y los anima a colocar las cosas tal como las han encontrado.

ZONAS DE JUEGO

ZONAS DE JUEGO

LA ZONA DE JUEGOS ELEGANTE

Nunca hemos visto, y probablemente nunca volveremos a ver, una zona de juego tan increíble como esta; preparaos para quedaros patitiesas. Cuando nos recuperamos del asombro (fueron unos cinco minutos de «Madre mía del amor hermoso» y «¡Esto es lo más!» antes de ponernos manos a la obra), dividimos la habitación por zonas: área de estudio, de creatividad, rincón de lectura, centro de arte y manualidades, etc.

1. Los libros están ordenados como los colores del arcoíris.

2. En revisteros colocamos las libretas, las fichas y las carpetas con deberes.

3. Ordenamos las piezas de LEGO por tipo y por color para facilitar la construcción posterior.

4. Colocamos una bandeja giratoria en el centro de la mesa para que todos lleguen a los colores.

ZONAS DE JUEGO

LA ORGANIZACIÓN 145

ZONAS DE JUEGO

EL CAJÓN DE «SALGAMOS A JUGAR»

Siempre nos sorprenden los padres que permiten a sus hijos dibujar o pintar dentro de casa (si nuestros críos jugaran en estas casas alguna vez, seguro que estos padres se enfadarían bastante), pero las tizas gruesas no deberían ser para jugar dentro de casa. Son gruesas precisamente porque son más resistentes y pueden usarse en exteriores. Así pues, la organización del cuarto de juegos no tiene por qué limitarse al interior de la casa. Para tratar de mantener la casa limpia, ideamos este cajón cerca de la puerta del jardín para que los pequeños puedan coger los materiales justo antes de salir.

1. Las tizas en los cubos son más fáciles de coger sin necesidad de ayuda.

2. Las bandejas rectangulares recogen todos los materiales de pintura.

3. Estos contenedores de plástico se pueden lavar o limpiar con un trapo cuando sea necesario.

ARMARIO PARA JUGUETES DE FÁCIL ACCESO

Nos guiamos por un principio básico a la hora de organizar una zona para niños: tiene que facilitar la accesibilidad. Debe ser accesible para los más pequeños, que podrán coger y guardar las cosas con facilidad, y para los adultos, porque, reconozcámoslo, también nos toca hacerlo. Una de las formas para facilitar la accesibilidad es usar cajas de ordenación transparentes con etiquetas. Estas cajas son ligeras y adecuadas para las manos más pequeñas y, además, es fácil saber cuándo hay que limpiarlas.

1. Organizamos los bloques de construcción, los coches, los trenes y las piezas de LEGO en cajas de zapatos apilables en dos tamaños, ya que se pueden clasificar según el contenido.

2. Separamos los cochecitos de juguete por color porque así es más fácil identificarlos (básicamente, así no tienen que vaciar todas las cajas hasta encontrar el que buscan).

3. Los cubos con fichas de aprendizaje hacen que los deberes sean un poco más divertidos y amenos.

> *CONSEJO:*
> Si la zona de juegos está organizada, la limpieza de la misma es un juego. Deja que tus hijos clasifiquen los juguetes por color, creen grupos y apilen las cajas según la categoría. ¡Todos salimos ganando!

ZONAS DE JUEGO

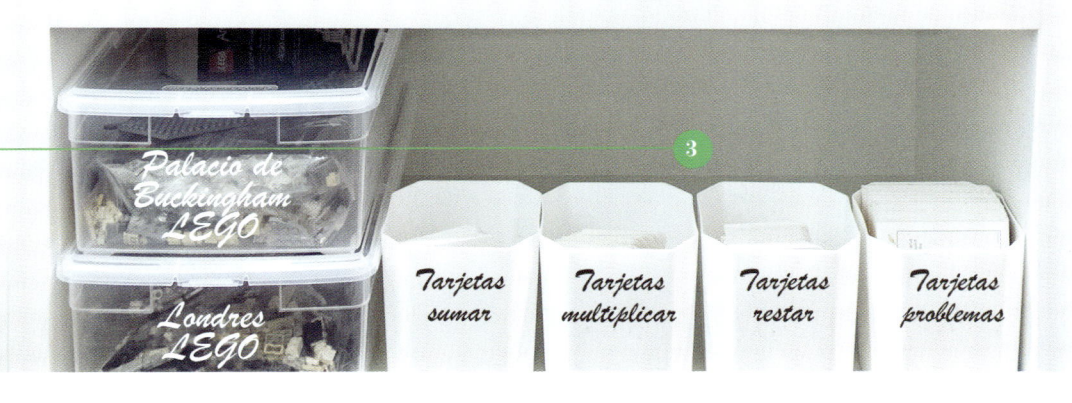

LA OBSESIÓN POR LAS MUÑECAS

Si tu hija siente fascinación por las muñecas y los diversos accesorios y prendas de su vestuario, no sufras: estamos aquí para echarte una mano. Hemos probado muchas soluciones para guardar los millones de piececitas, pero en el 99% de los casos, las cajas apilables para zapatos han ayudado a reducir la frustración sin perder la euforia de jugar con los accesorios en miniatura.

1. Utilizamos un estante adicional para ordenar las interminables categorías de ropa como los tutús y los uniformes de baile y gimnasia, e incluso perchas, porque nunca sabes cuándo la muñeca de tu hija tendrá que ir de tiendas.

2. Las cajas apilables para zapatos, ligeras y etiquetadas, facilitan y agilizan la limpieza.

3. Los colgadores con gancho sostienen las mochilas a tamaño real; las pequeñas se guardan en contenedores.

ZONAS DE JUEGO

ZONAS DE JUEGO

Escuela

Cinta adhesiva

Materiales diversos

2

152 CADA COSA EN SU LUGAR

ARMARIO HONDO DE MANUALIDADES

Actualmente, este armario es uno de nuestros mayores logros. Puede que no parezca muy difícil, pero estaba a rebosar. No creerías cómo estaba el salón cuando sacamos las cosas del armario y las dejamos en el suelo. Había montones de pintura, pegamento, pegatinas, cinta adhesiva, libros para colorear, papel para manualidades y juegos de manualidades. Cuando lo vaciamos del todo, nos percatamos de que este armario que parecía pequeño, de hecho, era bastante profundo. Lo que podría resultar problemático a la hora de sacarle el máximo partido, si no teníamos los contenedores adecuados. Menos mal que supimos elegir bien, porque al cabo de dos años ¡sigue así de bonito! Lo hemos comprobado.

1. Guardamos los materiales de pintura y los juegos de manualidades en contenedores de plástico.

2. Colocamos un organizador marca Elfa colgado de la puerta para crear un espacio de almacenaje adicional.

3. Usamos una bandeja para los papeles y los proyectos varios.

4. Los cajones acrílicos apilables son ideales para bolígrafos, lápices y rotuladores.

5. Los cajones apilables más profundos nos ayudaron a aprovechar el espacio de la base.

LA ZONA DE ESTUDIO

Conforme los niños crecen, se hace más necesario tener una zona dedicada al estudio. Ya sea parte del dormitorio, del salón o de la zona de juegos. Hay un sinfín de opciones que pueden funcionar. Una de nuestras formas favoritas de crear un espacio de trabajo es instalar un módulo en la pared con un escritorio y estantes abiertos. Y, por supuesto, no podíamos resistirnos a adornarlo con algunos accesorios con los colores del arcoíris.

1. Colocamos en la balda superior los materiales para colorear que menos se utilizan.

2. En un tablero de pared colgamos las herramientas, los materiales y un surtido de lápices de color.

3. Utilizamos tarros para los bolígrafos, los lápices y los subrayadores necesarios para hacer los deberes.

4. El escritorio es lo bastante grande para dos ordenadores; ambos monitores se colocan en soportes elevadores para disponer de espacio extra para almacenaje.

CONSEJO:

Busca algún objeto decorativo divertido, como este terrario de cristal dorado, para guardar artículos inesperados como la cinta decorativa. Es una forma excelente de enseñar una colección de artículos.

ZONAS DE JUEGO

ZONAS DE JUEGO

LA ORGANIZACIÓN 155

ZONAS DE JUEGO

1

2

3

EL CAJÓN DE MANUALIDADES CON CUBOS

Resulta paradójico lo obsesionados que estamos con los materiales para manualidades, teniendo en cuenta que al final no los usamos para hacer ninguna. Somos personas extremadamente organizadas, pero poco habilidosas, por raro que parezca. Sinceramente, nos abruma tener un puñado de botoncitos y ojos de plástico esparcidos sin orden ni concierto por toda la zona de juegos. Pero damos las gracias a las clientas que son lo bastante valientes para permitir que estas piececitas entren en sus casas, porque nos encanta ordenarlas. Para vosotras, ¿eh? No para nosotras. Qué va.

1. Los recipientes pequeños son ideales para cajones con poca profundidad.

2. Organizamos cuentas, botones y piezas varias en cubos.

3. Colocamos los materiales y las herramientas de manualidades más grandes a los lados.

CONSEJO:

En lugar de comprar cubos especiales, también puedes utilizar vasitos de cartón, envases de yogur limpios o incluso tazas.

LA ZONA DE JUEGOS DE GWYNETH PALTROW

Nunca asimilaremos que estuvimos en la zona de juegos de Gwyneth Paltrow, porque cada vez que pensamos en ella nos da algo. Normal, por otro lado. Nos preguntan mucho sobre nuestro proyecto favorito, y esta sala de juegos ocupa un sitio destacado en el salón de la fama de The Home Edit (*Cada cosa en su lugar*). No solo porque sea de Gwyneth Paltrow, sino porque sacamos todo nuestro arsenal de herramientas para transformar esta sala y darle una mejor vida.

1. Los libros y los peluches están ordenados en el orden de los colores del arcoíris, listos para entrar en acción.

2. Enfrente de esta estantería están los juegos, los rompecabezas, las colecciones de LEGO y los kits de ciencia para disfrutar de un momento estimulante.

3. En los cajones se guardan los materiales de arte, los libros de actividades y las muñecas.

ZONAS DE JUEGO

LA ORGANIZACIÓN 159

ZONAS DE JUEGO

160 ᚛᚛᚛ CADA COSA EN SU LUGAR

ESTANTES COLGANTES DE PARED PARA JUGUETES

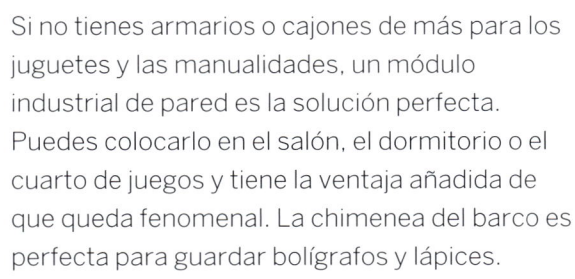

Si no tienes armarios o cajones de más para los juguetes y las manualidades, un módulo industrial de pared es la solución perfecta. Puedes colocarlo en el salón, el dormitorio o el cuarto de juegos y tiene la ventaja añadida de que queda fenomenal. La chimenea del barco es perfecta para guardar bolígrafos y lápices.

1. Los estuches acrílicos de colores ayudan a ordenar las ceras y demás materiales para manualidades y, a la vez, le dan un toque pulido y funcional.

2. Utilizamos las bandejas metálicas para guardar el papel de dibujo y los «garabatos» acabados.

3. Las cajas apilables contienen bloques y juguetes de construcción.

CONSEJO:

Este módulo de pared es ideal para guardar los pañales y las toallitas en el cuarto del bebé y, según vaya creciendo el peque, se puede transformar también para guardar juguetes y libros.

ZONAS DE JUEGO

LA ORGANIZACIÓN

UN ALMACÉN EN EL HUECO DE UNAS ESCALERAS

Igual que *El Mago de Oz* infundió el temor a los tornados, Harry Potter no hizo muy buena publicidad de un armario en el hueco de unas escaleras. Por lo tanto, nosotras queremos reivindicar su uso para guardar cualquier cosa, salvo niños. Eso está feo. Pero sí puedes utilizar un espacio vacío con estantes para guardar las cosas de tus hijos. ¿Esta idea te seduce más?

1. Los cajones, las cajas y los contenedores profundos almacenan los materiales para manualidades y de costura.

2. Con las cajas sin tapa tienes lapiceros llenos de bolígrafos, lápices y rotuladores, y también pegatinas a mano.

3. Los cajones apilables más grandes son ideales para los materiales para envolver regalos y artículos para fiestas.

ZONAS DE JUEGO

CADA COSA EN SU LUGAR

ZONAS DE JUEGO

ARMARIOS

Enfrentarse a un armario no es para los débiles de corazón. Se trata, básicamente, de un proyecto de organización cargado de minas emocionales a la hora de tomar decisiones. Justo cuando crees que estás progresando, encuentras un vestido que te trae recuerdos de un evento al que asististe o un jersey que te ponías prácticamente todos los días cuando estabas embarazada de tu primer hijo. Incluso cuando superas esos retos, al final encuentras prendas que te obligan a asumir que has cambiado de talla respecto a hace diez años. Pero, si te fijas ciertos objetivos y estableces unas reglas básicas (ver también «Reglas para saber de qué cosas deshacerte», página 41), puedes llegar al otro lado casi ilesa.

CÓDIGO DE CONDUCTA EN EL ARMARIO

1. **La primera regla para limpiar el armario es no hablar de que vas a limpiar el armario.** No se lo cuentes a tus amigas, pues querrán echarle el guante a tus cosas; ni a tu suegra, que luego hará una inspección para comprobar si todas las bufandas y los jerséis que te ha regalado siguen en su sitio; ni a tu hija, que de repente te rogará que guardes esas prendas antiguas por las que nunca tendrá ningún interés. Y, si tienes pareja, no se lo cuentes a tu cónyuge, porque se pondrá a comprobar cómo vas y no parará de molestarte.

2. **Sé realista.** No nos cansamos de recalcarlo. Si encuentras un par de vaqueros superpequeños de antes de estar embarazada, diles adiós y no mires atrás.

3. **Sigue tu instinto.** Si por lo que sea hay algo que no te gusta ahora en el armario, no te va a gustar más adelante. Y no te interesa tener ropa que no quieres ocupando espacio en tu valioso inmueble.

4. **Fuera culpas.** Ya sea porque alguien te lo regaló o porque te gastaste mucho dinero en algo y te sientes mal deshaciéndote de ello, ¡NO TE SIENTAS MAL! Deberías sentirte mal porque está ocupando un espacio muy valioso en el armario que podría ocupar algo que te gusta de verdad. Además, puedes venderlo por Internet o en una tienda si tiene algún valor; también puedes dárselo a alguien a quien le guste, o donárselo a quien pudiera necesitarlo. Todas son buenas opciones, y ninguna de ellas incluye aferrarse a algo innecesario.

5. **No se aceptan devoluciones.** Una vez que decides deshacerte de algo, no puede volver a entrar en el armario. Esto es un camino un tanto peligroso. Sé fuerte y piensa que la pila de ropa para donar es sagrada.

ARMARIOS

166 CADA COSA EN SU LUGAR

EL ARMARIO DE RACHEL ZOE

Establecer un orden en el armario gigantesco de Rachel Zoe fue como competir en los juegos olímpicos, salvando las distancias. De hecho, ya hemos hablado de lo que pasaría en una competición de ese estilo y creemos que LO BORDARÍAMOS, pero no nos andemos por las ramas. Por ahora, el armario de Rachel Zoe será lo más cerca que estemos de esa realidad.

1. Los bolsos grandes y las bolsas de deporte van en la parte superior

2. Las chaquetas se cuelgan por diseñador, color y tipo.

3. Las chaquetas delicadas llevan funda para protegerlas.

4. Cada barra divisoria debe estar etiquetada.

CONSEJO:

Meter en el armario tantas chaquetas solo es posible con perchas finas de buena calidad. Es un gasto al principio, sí, pero la inversión bien merece la pena.

NO PASA NADA SI NO HAY VESTIDOR

Si dispones varias cestas en una balda creas un vestidor improvisado. Nosotras creamos este en un armario con ropa de hogar, pero puedes utilizar cualquier balda que tengas disponible en el armario. Coloca las cestas bien alineadas en la balda superior. O debajo de prendas que cuelguen. O bien reutiliza un zapatero. ¡Cada centímetro cuenta!

1. Las cestas de él y las de ella (las de él en las baldas superiores y las de ella en las inferiores) contienen prendas plegables, mientras que las de colgar se quedan en el armario.

2. Las camisetas se doblan en paquetitos para aprovechar al máximo la cesta e identificarlas fácilmente.

3. Colocamos los separadores de cajón dentro de la cesta para mantener los calcetines organizados.

4. El taburete se guarda en la parte inferior para poder alcanzar la balda superior con facilidad.

CONSEJO:

Si ya has leído el libro de Marie Kondo *La magia del orden*, conocerás la magia de doblar la ropa en paquetitos. Si no, digamos que es un método de doblado que consiste en colocar verticalmente el paquete que forma cada prenda para que puedas ver todo lo que tienes. De este modo, nunca tendrás que revolver el cajón (o la cesta) para buscar una camiseta.

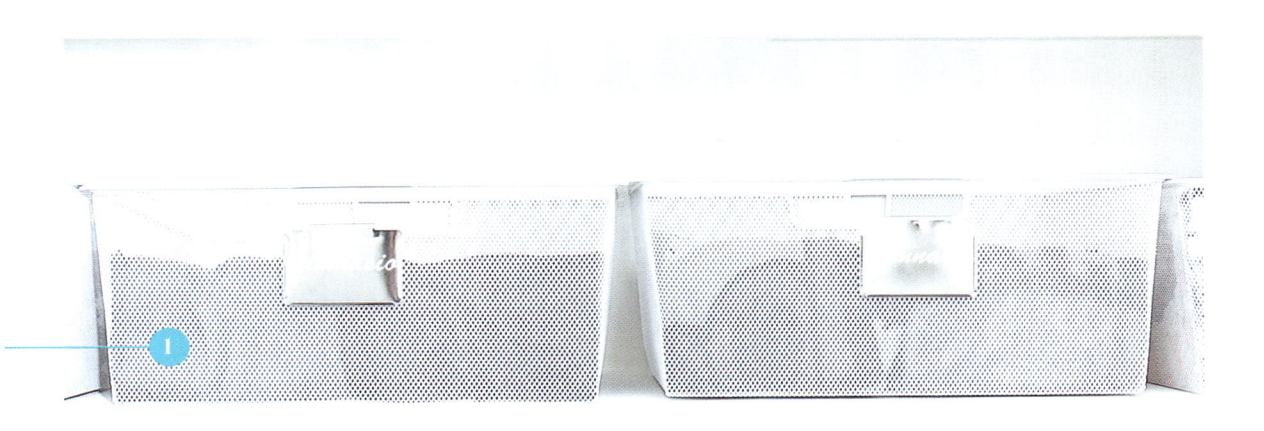

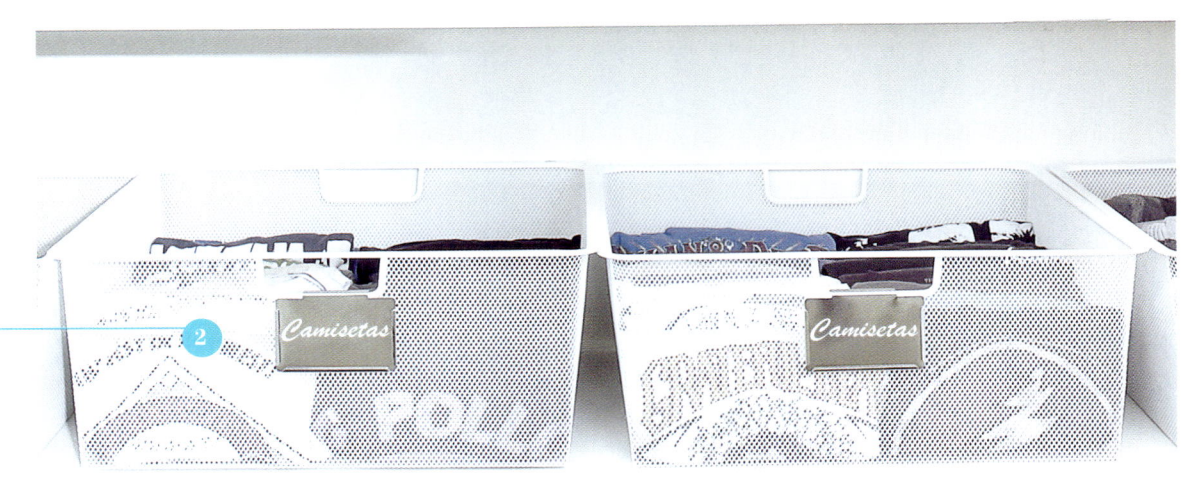

ARMARIOS

ARMARIOS

EL GRAN ZAPATERO

La diseñadora de interiores Julie Couch sabía bien lo que hacía cuando incluyó este zapatero de pared en su armario principal. Se aseguró de que cada balda tuviera la altura suficiente para guardar los zapatos de tacón alto, y también procuró que hubiera baldas para botas, donde poder guardar las de tacón más alto. Una disposición bien pensada siempre nos hace la vida más fácil (aunque eso signifique perder un poco de tiempo quejándonos).

1. Las botas de caña alta van en cubículos con un clip que las mantenga juntas.

2. Los tacones y los zapatos planos van en baldas abiertas.

3. Las sandalias, las zapatillas de correr y las botas de invierno van en cajas etiquetadas en los estantes y en el suelo.

CONSEJO:

Si no tienes un zapatero empotrado, ajusta las baldas del armario para guardar las botas de caña alta o usa baldas ajustables para almacenar los zapatos. Si la balda sirve, ¡úsala!

EL ARMARIO DEL COLEGIO Y DE DEPORTES

Los niños ya no solo van al colegio; también participan en actividades de clubs, deportes y equipos que les ocupan hasta el último minuto. Así pues, al organizar el armario de niños en edad escolar, intentamos tener en cuenta todas las actividades extraescolares (dentro de lo razonable) para facilitar un poco la transición de una actividad a la otra.

1. Instalación en la puerta para colgar la equipación de baloncesto, tenis y voleibol.

2. Cajones acrílicos en las baldas para guardar los bañadores y ropa de deporte cómoda.

3. Prendas colgadas en perchas antideslizantes para evitar que se caigan.

4. Los ganchos mantienen las mochilas colgadas en posición vertical.

5. Con los zapateros acrílicos apilables se aprovecha mejor el espacio del suelo.

ARMARIOS

ARMARIOS

EL ARMARIO DE THOMAS RHETT AKINS

Para todo aquel que piense que las mujeres tienen más ropa que los hombres, permitidnos deciros que no siempre es el caso. A veces, ellos tienen muchísima más ropa... Pero, para ser sinceras, el cantante de música *country* Thomas Rhett es conocido por su gran estilo, así que quisimos encontrar la forma de guardarlo todo bien y, a la vez, exhibir sus prendas favoritas.

1. Las botas para ocasiones especiales y los zapatos de vestir se guardan en cajas en la balda superior.

2. Las zapatillas de correr (sus grandes favoritas) están expuestas en un zapatero empotrado.

3. Los zapatos del día a día están colocados en zapateros en las columnas centrales.

4. Los gorros se guardan en cajones extraíbles para que no se llenen de polvo.

5. Las camisetas, las sudaderas y las chaquetas están colgadas por separado.

CONSEJO:

Cuando andes justo de espacio, levanta la vista. Normalmente hay sitio en la parte superior del armario y es perfecto para guardar las maletas y las prendas de otras temporadas.

ARMARIOS MÍNIMOS

Algunos armarios no tienen más que una barra de colgar y, con suerte, puede que una balda. En estos casos tratamos de idear soluciones creativas para aprovechar el espacio al máximo. A estas alturas, ya te habrás dado cuenta de nuestra afición por el almacenamiento en las puertas. Va *tan bien* que esperamos que todo el mundo lo adore como nosotras. Eso y nuestro amor por los carritos es indescriptible. Porque ¿quién no querría tener uno?

1. Las cestas para ropa de cama y artículos de viaje están ordenadas en la parte superior.

2. Colgadores para las gorras y los sombreros.

3. Las puertas del armario se usan para guardar las zapatillas de correr y las sandalias.

4. Un carrito con ruedas se puede mover fácilmente.

ARMARIOS

VESTIDOR TIPO SALÓN

Se podría organizar un baile dentro de este armario e incluso una boda pequeña, y hasta un banquete. De hecho, el término vestidor se queda corto aquí. Aun así, cuando nos dispusimos a organizarlo (a decir verdad, ya estaba bastante bien organizado), quisimos ir más allá y hacerlo aún más perfecto.

1. Los chándales ocupan el primer compartimento a la izquierda.

2. Las camisetas, los jerséis, las chaquetas, los vestidos y los pantalones se guardan en compartimentos por separado.

3. Los accesorios, los artículos de invierno y la ropa interior se guardan en cajones y armarios.

(continúa)

ARMARIOS

VESTIDOR TIPO SALÓN (continúa de página anterior)

4. Las prendas para hacer ejercicio y jugar al tenis están colgadas por color y tipo.

5. El calzado deportivo está colocado en el suelo, y los zapatos de vestir, en baldas.

6. Los pendientes y los collares colgados se exhiben en organizadores acrílicos.

7. Los relojes están guardados en estuches de almacenamiento acrílicos.

8. Las pulseras se guardan en soportes de terciopelo para evitar que se rayen.

ARMARIOS

ARMARIOS

ARMARIOS

1. Sandalias · Sandalias · Chancletas · Mocasines · Zapatillas
   Sandalias · Sandalias · Sandalias · Zapatos · Chanclas
   Sandalias · Sandalias · Sandalias · Zapatos · Tacones

2.

3. Accesorios
   Vaqueros
   Vaqueros

   Botines
   Botines
   Botines
   Invierno

4. Vans
   Converse
   Zapatillas
   Chanclas

ARMARIO CONCENTRADO

¿Sabes lo mucho que queríamos ponerle una unidad de almacenamiento en la puerta a este armario? Sí, seguro que te haces una idea... Pues nos dolió en el alma que la barra no cupiera en esas puertas originales tan bonitas. Pero cuando las demás opciones fallan, los ganchos nunca defraudan. Pudimos colgar los bolsos de mano y aprovechar el espacio del suelo creando una suerte de cajonera.

1. Las sandalias y los zapatos de tacón que menos se usan van en la balda superior.

2. Los bolsos de mano van colgados del perchero de la puerta.

3. Los vaqueros se guardan doblados en los cajones modulares.

4. Las zapatillas y las botas más usadas se guardan en zapateros apilables en el suelo.

CONSEJO:
Apilar cajas de zapatos en el suelo ayuda a optimizar el espacio vertical y evita que al calzado le entre el polvo.

CADA COSA EN SU LUGAR

LA PARTE DE ÉL EN EL ARMARIO

Cada cierto tiempo, nos toca organizar la parte del armario con las prendas del marido. Normalmente está en las últimas posiciones de la lista de prioridades, pero a veces conseguimos dedicarle unos cuantos minutos para adecentarla un poco. Este armario fue un proyecto muy particular en Nashville, ya que tuvimos que ordenar muchos sombreros de vaquero.

1. Los sombreros van ordenados en la balda superior.

2. Los zapatos se colocan del más elegante al más informal en una balda inclinada para identificarlos con facilidad.

3. Llevan hormas dentro.

4. Las chanclas se guardan en cajas de zapatos.

> *CONSEJO:*
> Como las chanclas son menos voluminosas que el resto del calzado, normalmente puedes guardar más de un par en la misma caja.

ARMARIOS

LA ORGANIZACIÓN 185

EL ARMARIO DE «LOS ADULTOS TAMBIÉN TIENEN ACTIVIDADES»

Los niños no son los únicos que juegan al tenis o van a natación. Y para los afortunados que tienen aficiones (nosotras, personalmente, no tenemos ninguna aparte de comer y dormir), estamos tremendamente felices de hacer un hueco en el armario para los bañadores, la ropa de yoga o las faldas de tenis.

1. La ropa de deporte de invierno se guarda en la balda superior.

2. Los bolsos se prenden de ganchos en la barra superior.

3. Los bañadores y los pareos se guardan doblados en cestas bien alineadas para proteger las telas más delicadas.

4. Las chaquetas y las faldas de tenis se cuelgan de perchas separadas equitativamente.

ARMARIOS

EL ARMARIO DE KACEY MUSGRAVES

Cuando Kacey Musgraves empezó a montar su armario nuevo, nos pidió que le echáramos una mano con el diseño. Normalmente, la gente nos llama cuando el armario ya está hecho, así que poder elegir las estanterías y el lugar donde irían las barras e instalar una parte para los accesorios le dio al proyecto un toque superespecial. Además, pudimos organizar bolsos con flecos de colores, tacones con cactus y botas de vaquero de chico y de chica.

1. Los bolsos de mano van colgados en ganchos.

2. Las gafas de sol, la joyería y los accesorios se guardan en cajas transparentes.

3. Un cuadro de Elvis llorando que Kacey colocó en el último momento.

4. Los zapatos y los bolsos más especiales se ponen a la vista.

5. Los collares largos cuelgan de una herradura dorada.

6. Las prendas de otra temporada y los gorros se guardan en las cestas de arriba.

7. Las prendas de ella van a la derecha; las de él, a la izquierda.

CADA COSA EN SU LUGAR

LA ORGANIZACIÓN 189

COCINA

Esta estancia es una parte tan importante de la casa que hemos decidido separarla en dos capítulos: uno para la cocina y otro dedicado a la despensa. (Algo parecido a lo que pasó con la última película de Harry Potter, que tuvo que dividirse en dos. Hay cosas que necesitan algo de espacio.)

Las cocinas suelen ser un gran escollo para mucha gente, así que, antes de embarcarte en esto de golpe y porrazo, trata de dividirla por zonas. Incluso te puedes hacer un mapa de ruta con notitas para marcar cada armario y cada cajón. Como en todo proyecto que se haga por primera vez, te recomendamos que empieces con un cajón; puede ser un cajón de utensilios, de menaje de cocina o hasta el cajón de sastre. Empieza por el que más rabia te dé, y a por todas.

LA ORGANIZACIÓN 191

COCINA

192 ~ CADA COSA EN SU LUGAR

EL CAJÓN DE EXSASTRE

Nunca sabes cuándo puedes necesitar una pila o una goma elástica, o cuándo tendrás que firmar una tarjeta antes de salir por la puerta. La diferencia principal entre un cajón de sastre ordenado y uno que te hace gritar «¡NO LO ABRAS, POR DIOS!» cuando tienes invitados en casa es una revisión esmerada y varios recipientes de almacenamiento. El cien por cien de los cajones de sastre están llenos de trastos inútiles que se pueden tirar; el resto solo necesita un hogar.

1. Las pilas fuera de su envoltorio siempre se guardan por separado, por seguridad.

2. Los cables, las monedas y los clips tienen su propio minirrecipiente.

3. Las linternas y las herramientas se colocan a los lados para mantener los organizadores en su sitio.

EL CAJÓN FORRADO DE PAPEL

De todos los cajones de cocina que hemos organizado, este sigue siendo nuestro favorito. Este tipo de cajones son de nuestra mentora Elsie Larson, de A Beautiful Mess, y cuando organizas para la reina, debes emplearte a fondo. Tiene la cocina llena de tonos verde menta y tonos melocotón pastel, así que se nos ocurrió forrar los cajones de papel degradado para darle un toque original.

1. Los utensilios y la cubertería de diario se guardan en la parte frontal del cajón.

2. Los artículos más especiales van en la parte de detrás, salvo los cuchillos de cortar el queso con el cocodrilo dorado en el mango; esos deben ir en la parte central.

3. Las bandejas extensibles se combinan con las del propio cajón para conseguir un ajuste perfecto.

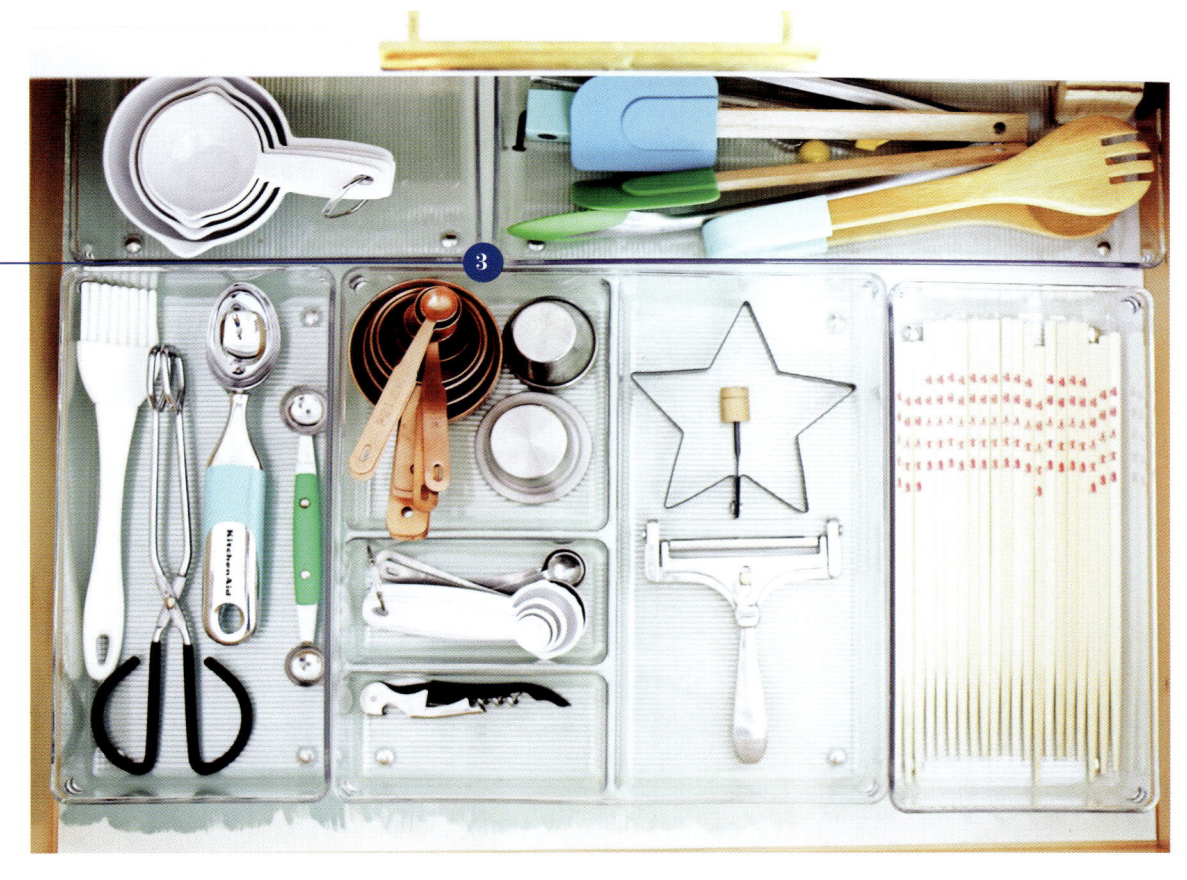

COCINA

COCINA

1

2

3

EL RINCÓN DEL CAFÉ

Siempre que organizamos una cocina, tratamos de dejar un rinconcito para las bebidas. Ya sea un armario para el café, una bandeja de té o un rincón para preparar batidos, es divertidísimo hacer algo especial. Reconocemos que a veces nos dejamos llevar por la emoción y luego resulta que el cliente dejó de tomar cafeína hace seis meses o que aborrece el té, pero la mayoría de las veces es una gozada para todos.

1. Las tazas del café se ponen directamente encima de la cafetera para cogerlas al momento.

2. Las cápsulas del café se guardan en tarros transparentes; así, elegir los sabores es más fácil.

3. Una bandeja con los accesorios para servir el té y el café.

BAJO EL FREGADERO DE LA COCINA

Nos enorgullece todo el trabajo que hacemos, pero hay algo que nos satisface de verdad: transformar el espacio de debajo del fregadero. Cuando alguien se prepara mentalmente para organizar ese espacio, suele sentirse entre desconcertado y muerto del asco. Nosotras creemos que todo debe tener varias funciones y, por eso, ofrecemos una solución para limpiar este espacio con la que todo el mundo sale ganando:

1. Los productos de limpieza extra se colocan en la parte de atrás para ir cambiando los que se vayan agotando.

2. El cubo contiene reservas de jabón de manos.

3. Los productos de limpieza y las esponjas se disponen en un organizador para acceder a ellas con facilidad.

4. Los recipientes son fáciles de limpiar porque, sí, también hay que limpiar los contenedores de limpieza.

HAZ EJERCICIO ORDENANDO EL ARMARIO DEL FREGADERO

1. Haz una sentadilla.
2. Quita todo lo asqueroso, pringoso, pegajoso o viejo.
3. Vuelve a levantarte.
4. Gírate y tíralo todo a la basura.
5. Repite.

¿Ves? Fácil. Y todo lo demás..., a guardar y etiquetar.

COCINA

LA ORGANIZACIÓN 199

COCINA

200 ~ CADA COSA EN SU LUGAR

ARMARIO PARA OCASIONES ESPECIALES

No solemos invitar a mucha gente a comer —podemos contarlos con los dedos de una mano—, y hasta tenemos cartelitos que dicen «NO OS APALANQUÉIS, POR FAVOR». Así pues, no te fíes mucho de nuestras dotes de protocolo, pero sí que podemos ayudarte a organizar los componentes de este armario. Y si después quieres abrir las puertas de tu casa a un montón de gente que quizá no vaya a usar esos posavasos que has puesto estratégicamente en todas las habitaciones…, bueno, eso ya es cosa tuya.

1. Los cubiertos y el material para exterior se guardan en recipientes resistentes al agua que puedan dejarse fuera durante la fiesta.

2. Los platos, las tazas, las bandejas y las servilletas de plástico los guardamos en la balda superior.

3. La cubertería se almacena en vasos de plástico individuales para separarla por categorías.

4. La ropa de mesa, los salvamanteles y los servilleteros van en la balda inferior.

LA NEVERA Y EL CONGELADOR SALUDABLES

Resulta que, si solo comes frutas y verduras, tu frigorífico tendrá tan buen aspecto como tú. Le da un significado completamente nuevo a lo de «comer por colores», y nosotras nos apuntamos sin dudar. Nos apuntamos por vosotros, claro. Nosotras no comemos así.

1. La leche, el agua y los zumos se colocan arriba en jarras de cristal y cajones de plástico.

2. La fruta que ya está cortada va en contenedores especiales para comestibles.

3. Las frutas y la comida preparada se guardan en cajones y contenedores abiertos.

4. La fruta congelada va en cubos individuales para picar rápido. (HASTA LOS TENTEMPIÉS HELADOS SON SANOS... ¿CÓMO LO HACEN?)

COCINA

202 CADA COSA EN SU LUGAR

COCINA

COCINA

EL CAJÓN DE LA CUBERTERÍA INFANTIL

Nos preguntan mucho qué hacer con las cosas de los niños en la cocina. Están amontonadas sin orden ni concierto, y parece que en el armario acabe de explotar una bomba de colores. Hay varias maneras de organizar los platitos y los vasitos infantiles, pero uno de nuestros mejores métodos es utilizar un cajón. Así, tienes la ventaja añadida de que los niños pueden coger las cosas solos.

1. Los platos y las bandejitas se guardan mejor en contenedores que apilados.

2. Las partes del biberón se colocan en compartimentos distintos.

3. Los utensilios se organizan en cubos.

4. Los vasitos se disponen en filas.

CONSEJO:
Revisa periódicamente los platos de plástico de los niños. Si la cara de Elsa se está pelando, es hora de... soltarla. Lo sentimos, no hemos podido resistirnos.

EL CAJÓN DE LACTANCIA

Algo que molesta más que los platos y los vasos de los niños son las distintas piezas del biberón. Parece que algunos biberones tienen setecientas piececitas, y cada una se tiene que limpiar, esterilizar y secar individualmente. Ocho veces al día. Así es la vida con un bebé. Sin embargo, la buena noticia es que, si creas una zona para todas estas piezas, puedes conservar un poco más de cordura. Es una pizca muy pequeñita, sí, pero algo es algo.

1. Las piezas del sacaleches y de almacenamiento de leche se colocan las unas al lado de las otras.

2. Los biberones y las tetinas van en su propio cubo.

3. El esterilizador, los recipientes para comida y los discos de lactancia se guardan en los laterales.

COCINA

COCINA

1

2

3

ARMARIOS CON PUERTAS DE CRISTAL

Puede que un armario con baldas de cristal no tenga puertas; eso sí, tienes que comprometerte a mantenerlo bien ordenado porque no hay sitio para esconder nada. Normalmente usamos los armarios de cristal para los platos decorativos o los artículos de bar, pero a veces necesitamos todo el espacio disponible para aprovechar bien el armario y no podemos sacrificar las baldas para la porcelana fina que no usamos nunca. La solución: botes a juego.

1. Las fuentes y los cuencos para ocasiones especiales que se usan poco, mejor en la parte superior.

2. Los botes de arroz, pasta y legumbres, en la segunda balda.

3. Los botes de azúcar y harina, en la balda más cerca de la batidora.

CONSEJO:
Aunque no tengas un armario con las puertas de cristal, guardar los productos en botes embellece cualquier espacio.

NEVERA CON LA PUERTA DE CRISTAL

Si ya es estresante tener un armario con puertas de cristal, imagínate una nevera en la que se ve todo sin abrirla. Ponerle un plato decorativo o una colección de botes no sirve y, encima, una nevera tiene una rotación de producto mucho mayor que una despensa. Tienes que saber que, si te decantas por un frigorífico de cristal, es como tener un gato: tendrás que ocuparte de él varias veces a la semana.

1. La leche, los zumos y los huevos se ponen en jarras y los huevos en hueveras para reducir la cantidad de envoltorios a la vista.

2. En los contenedores transparentes se colocan los condimentos, los productos untables y las salsas.

3. La comida preparada y la fruta cortada se ponen en táperes de cristal.

4. Los productos lácteos y las proteínas se guardan en cajones opacos.

> *CONSEJO:*
> Usa un rotulador especial para marcar las fechas de caducidad en las hueveras y en las jarras de leche.

1. Zumo
2. Aderezos
3. Semillas, frutos secos y fruta deshidratada
4. Queso | Proteína

Condimentos

COCINA

DESPENSAS

Lo más probable es que en nuestras lápidas acaben escribiendo lo siguiente: «Perfeccionistas de las despensas, apasionadas de los botes, defensoras de las bandejas giratorias y mujeres muy, pero que muy comprometidas con el etiquetado». De verdad, nos *pirran* las despensas. NO hay espacio que nos guste más organizar, tengan la forma y el tamaño que tengan. Os vamos a enseñar algunos de nuestros grandes éxitos (¡nos NEGAMOS rotundamente a dejar que un rincón difícil pueda con nosotras!) y algunos arreglos simples que puedes hacer en casa.

Antes de empezar a organizar tu despensa, tienes que saber que, por lo general, es el lugar más complicado de toda la casa... y, una vez que vacíes los estantes y veas la cantidad de pasta, cereales y conservas que tienes, puede que entres en pánico. A nosotras nos ha pasado. Muchas veces. Echas un vistazo a todo lo que tienes y piensas: «¡¿CÓMO NARICES HA PODIDO SALIR TODO ESTO DE AQUÍ?!» Normalmente es porque todo estaba amontonado encima de muchas otras cosas y metido a presión en los estantes, lo que significa que las baldas estaban bien aprovechadas, pero muy mal organizadas. Y el trabajo en cuestión, si te atreves a aceptarlo, es desenredar toda esa maraña de cosas y volverlas a poner en su sitio, solo que de una manera sistematizada y organizada.

LA ORGANIZACIÓN 213

DESPENSAS

214   CADA COSA EN SU LUGAR

Aquí es donde entra en juego todo lo que has aprendido, ya que, cuando te enfrentas a una despensa, tienes que ser disciplinada con los pasos. Que no te distraigan los objetos brillantes, porque, a menos que quieras tirarlo todo y empezar de cero, cuando vacíes la despensa tienes que encontrar la forma de volver a ponerlo todo en su sitio. Así pues, repasemos una vez más antes del examen final:

1. **Mide tu espacio** para que puedas elegir las provisiones que aprovecharán hasta el último centímetro.

2. **Vacía la despensa** y agrúpalo todo en montoncitos sobre la marcha (desayuno, comida y aperitivos varios).

3. **Revisa cada montón** y tira lo que esté caducado, lo que tengas en exceso, lo que gotee, etc.

4. **Organiza los montones que queden** en los contenedores que hayas comprado.

5. **Organiza los grupos y las categorías sistemáticamente** en el espacio disponible para que esté en sintonía con tu hogar.

DESPENSAS

EL ARMARIO-DESPENSA

Puede que ahora pienses: «Pues qué bien, porque no tengo despensa, gracias». Aun así, guardas la comida en algún sitio, ¿no? ¡Hasta una barrita de cereales debe tener su lugar! Y los cajones son muy buenos lugares para guardar comida, siempre y cuando sigas creando sistemas en el espacio pequeño.

216 · CADA COSA EN SU LUGAR

1. La cajita del té va justo encima de las bebidas.

2. Las categorías de desayuno, comida, repostería y bebidas van separadas en sus propios contenedores.

3. Las especias, las salsas y los condimentos van en bandejas giratorias para que sea más fácil llegar a los artículos del estante superior.

DESPENSAS

ALMACENAMIENTO INDEPENDIENTE DE COMIDA

Si tienes una cocina muy muy pequeña y no puedes dedicar un armario entero a una despensa, siempre puedes añadir un armario independiente a cualquier pared que tengas cerca. Con las puertas cerradas, verás que solo es un mueble bonito, pero al abrir las puertas tendrás una despensa perfecta (si lo decimos nosotras).

1. Las cosas del desayuno y repostería van en tarros o contenedores transparentes para que el contenido esté a la vista.

2. Pastas para untar, latas y condimentos, en estantes superiores y bandejas giratorias.

3. Los grupos de alimentos, en contenedores profundos que se puedan extraer como si fueran cajones.

4. Las bebidas, en el estante inferior para soportar el peso extra de las baldas superiores.

DESTREZA EN LA DESPENSA

En caso de que no sepas qué hacer con tu despensa, aquí te damos unos consejos:

1. No todas las fechas de caducidad son iguales. Si las patatas fritas están caducadas, quizá significa que están rancias y puedes decidir si tirarlas o no. Sin embargo, si algo perecedero ha caducado (aceites, frutos secos, caldo, etc.), tienes que tirarlo sí o sí. Los alimentos enlatados también se estropean, así que revisa bien lo que tengas.

2. Deshazte de todo el embalaje que puedas para que las cosas quepan con mayor facilidad en los recipientes.

3. Guarda solo la cantidad de comida que la despensa pueda almacenar de verdad. No todos tenemos por qué comprar al por mayor, así que ten en cuenta las limitaciones del espacio y abastécete en consecuencia.

DESPENSAS

LA DESPENSA DEL CHEF

Por lo general, nunca recomendaríamos ponerlo TODO en frascos o botes. Cuesta mucho mantenerlo así, porque tendrías que rellenarlos cada vez que fueses a comprar y dejarlos vaciar hasta volver a rellenarlos. No estamos acostumbradas a vivir al límite, pero, en este caso, nuestra clienta es chef y, como se sentía segura con este plan, nosotras también. Además, quedaba precioso visualmente, así que fuimos a por todas.

1. Los aperitivos y las legumbres van en tarros diferentes y en plataformas para que estén a la vista.

2. Las harinas y los azúcares que más uses, en la encimera.

3. La fruta, mejor en cestas apilables y transpirables que puedan albergar distintos tipos.

DESPENSAS

DESPENSAS

Fruit Loops

Cheerios de miel y almendra

① ② ③

RUTINA MATUTINA

¿Recuerdas lo de dejar un rinconcito para las bebidas en la cocina? Pues nos gusta hacer lo mismo con las despensas. En realidad se puede hacer en cualquier parte, siempre dentro de lo razonable, claro. Cuando vimos cuánto té había en esta despensa, nos desvivimos por ordenarlo todo por colores.

1. Los cereales, la avena y la mezcla para hacer tortitas se colocan en botes de cristal con cucharas en su interior.

2. Las cajas de té, bien ordenadas en los cajones extraíbles de la despensa.

3. La organización en arcoíris es perfecta para las cajitas de té, básicamente porque no hacerlo así habría sido una auténtica lástima. (Por lo general usamos el arcoíris de forma que se ajuste a la organización, pero esta vez no. También nos podemos divertir un poco, ¿no?)

CONSEJO:
Si el embalaje del producto es a la vez funcional y atractivo, como el de estas cajas de té, no dudes en guardarlo tal cual. No hacen falta más productos ni contenedores.

HAZTE TU PROPIA DESPENSA

Aunque no tengas una habitación entera para una despensa, puedes hacértela tú mismo con los mismos módulos colgantes que te hemos enseñado antes (véase la página 219). Esta despensa en particular se instaló en un espacio que había justo al lado de la cocina; ahora es una despensa de ensueño que tú también puedes tener.

1. Los cestos con las provisiones van en los estantes superiores.

2. La pasta, los granos y los cereales se pasan a botes ordenados también en las baldas superiores.

3. Los condimentos y los alimentos enlatados van en los estantes centrales y laterales; los más utilizados, en el centro.

4. La batidora de varillas se guarda en la encimera; el resto de espacio se deja despejado.

5. Los aperitivos y las bebidas se organizan en cajones extraíbles.

DESPENSAS

DESPENSAS

1

2

3

4

DESPENSA EN BLANCO Y NEGRO

Como es de sobra conocido, ambas somos defensoras de la despensa y creyentes del blanco y negro, por lo que esta despensa se lleva la palma. Además, ¡nos encantó trabajar con diferentes materiales y jugar con una escala de grises en lugar del arcoíris!

1. Los cereales, la harina de repostería y la proteína en polvo se guardan en botes estrechos.

2. Las categorías más grandes van en cajas de madera que ocultan el contenido y combinan con el color general.

3. Las etiquetas negras y llamativas facilitan aún más la búsqueda de lo que necesitas.

4. Los recipientes para el horno, mejor en la parte baja; licuadoras y utensilios de decoración, arriba.

CONSEJO:

Plantéate qué artículos son más pesados y guárdalos a una altura más accesible, aunque los uses menos. No es buena idea levantar objetos pesados o aparatosos por encima de la cabeza.

DESPENSA DE PARK AVENUE

Algunas de las casas más bonitas de Estados Unidos no tienen despensas. Con una despensa extraíble se puede conseguir el mismo nivel de funcionalidad y calidad estética que en un cuarto aparte, pero hay que tener en cuenta los productos y las estanterías en los que se colocan. Para esta despensa, tratamos de hacer que todo fuera lo más visible posible y utilizamos los cajones extraíbles con sensatez.

1. Los aperitivos dulces y los cereales del fin de semana van en los estantes superiores, fuera del alcance.

2. Los frutos secos y los ingredientes para hacer batidos, en recipientes apilables.

3. Los botes de cereales se colocan en la parte delantera del cajón; las cosas del desayuno, en los contenedores traseros.

4. Los aperitivos saludables para los niños, en los dos cajones inferiores.

DESPENSAS

DESPENSAS

1
2
3
4
6

LA DESPENSA DE MANDY MOORE

Mandy Moore no rima con «almacenar», pero para eso quería la despensa que se afanaba en buscar (se nos da bien lo de rimar, ¿eh?) Si has ido siguiendo la maravillosa remodelación de la casa de Mandy, ya sabrás que está diseñada a la perfección. ¡Así que, evidentemente, la despensa también tenía que estar a la altura!

1. Las existencias a granel, en los estantes superiores.

2. La comida se mantiene fuera del alcance de los perros.

3. Los tarros de especias personalizados se organizan en bandejas giratorias.

4. Los electrodomésticos están colocados en la superficie de la despensa para despejar la encimera de la cocina.

5. Los grupos de alimentos se almacenan en los estantes laterales (¡no tenemos foto, pero prometemos que sí hay comida!)

6. El papel de cocina y las botellas de agua desembaladas aguardan alineados perfectamente en los estantes inferiores.

QUÉ HACER SI NO TIENES DESPENSA: PRIMERA PARTE

Siempre te decimos que empieces con un cajón, pero a veces también puedes terminar con un cajón. Si no tienes despensa y te quedas sin espacio en el armario, ¡pásate a los cajones! Pueden ser el lugar perfecto para organizar los aperitivos, las bebidas o las especias.

1. Las especias pasan de sus envases dispares a botecitos iguales para que encajen mejor en el cajón, y también para crear una estética personalizada.

2. Los botes de especias pueden colocarse por color para identificarlos con rapidez.

3. Las barritas de proteína y los sobrecitos de té se desembalan y se colocan en compartimentos separados.

CONSEJO:
Puedes ordenar los botes de especias por color o tamaño. Tú decides, así que elige el sistema que mejor te convenga.

DESPENSAS

LA ORGANIZACIÓN 233

DESPENSAS

234   CADA COSA EN SU LUGAR

QUÉ HACER SI NO TIENES DESPENSA: SEGUNDA PARTE

Gracias a los organizadores de cajones, pudimos colocar el desayuno, los aperitivos y las cosas de los niños en un solo espacio, sin necesidad de despensa.

1. Las barritas de cereales, las bolsitas de fruta y los frutos secos, en los laterales traseros.

2. Las barritas para desayunar y la avena, en los laterales delanteros.

3. Los alimentos, mejor tumbados que de pie para que se ajusten a la altura del cajón.

DESPENSAS

LA ORGANIZACIÓN

LA YA CONOCIDA DESPENSA DE LOS APERITIVOS

Cuando se trata de aperitivos, esta despensa se lleva la palma. Sí, también es un festival de recipientes, pero ahora vamos a eso. ¿Podemos hacer una breve pausa para admirar todos estos aperitivos ordenados perfectamente por colores y no centrarnos en el hecho de que nada es orgánico y que los envases generan residuos? ¡Hemos venido a organizar la despensa, no a dar lecciones de nutrición!

1. Las galletas saladas y las patatas fritas van en contenedores herméticos; los productos empaquetados, en cajones separados y sin tapa.

2. Los cereales, las harinas, los granos, las frutas deshidratadas y los frutos secos van en recipientes para que permanezcan frescos durante más tiempo.

3. La organización por colores de los aperitivos es una manera divertida de que los niños se apañen solos y los anima a mantenerlo todo ordenado.

4. Los productos del campo que van en cestos se colocan en el estante inferior.

CONSEJO:

Cuando trasvases los granos y las legumbres con tiempos de cocción determinados, apúntalo en la parte posterior del recipiente. O recorta la etiqueta del envase original e introdúcela en el bote.

DESPENSAS

DESPENSAS

ESTANTERÍAS DE ALAMBRE

El almacenamiento de alimentos más temido es, con diferencia, la despensa con baldas de alambre. Una cosa es organizar los estantes de la despensa, pero cuando esos estantes tienen agujeros, parece una trampa. Pero no temas, porque hay varios trucos que solucionarán el problema de este tipo de estanterías.

1. Los contenedores del estante superior son poco profundos y tienen un asa grande para facilitar el acceso a los aperitivos.

2. Los productos para el desayuno, la comida, la cena y aperitivos varios se organizan en contenedores de base plana para que no se queden enganchados en los estantes.

3. Los cereales se guardan en recipientes de base cuadrada, ya que las cajas de cereales, al ser poco anchas, son inestables encima de las varillas metálicas.

CONSEJO:

Cuando sea posible, coloca un revestimiento plástico transparente y resistente en la base, que se ajuste a las dimensiones de los estantes, o compra uno ya precortado en la ferretería.

LA DESPENSA DE GWYNETH PALTROW

Una cosa es tener el honor de organizar la despensa de Gwyneth Paltrow, pero cuando ella misma nos dijo que apareceríamos en su página web, *Goop*, nos pusimos a gritar a todo pulmón y a dar saltos de alegría. Y lo volveríamos a hacer otra vez, porque no hay otra manera más apropiada de reaccionar; el decoro puede esperar. Con esto en mente, cerramos el capítulo de la despensa con la joya de la corona de todas las despensas.

1. En la parte superior, cestas con productos para reabastecer los estantes.

2. Las latas se colocan en contenedores apilables para aprovechar la altura de los estantes.

3. Los productos para comidas, desayunos y aperitivos van en contenedores grandes.

4. Los condimentos y pastas para untar se organizan y etiquetan por clase (desayuno, dulces, cocina internacional, etc.) y se colocan en las puertas de la despensa.

5. Los frutos secos, las frutas deshidratadas y los granos que más se usan se almacenan en tarros herméticos para mantener su frescura.

6. Los aperitivos de tus hijos para el colegio se separan en sus propios envases para que sea más fácil ponerlos después en la mochila.

CONSEJO:
Pon un trozo de cinta adhesiva borrable en la parte posterior o inferior de un frasco reutilizable para apuntar las fechas de caducidad.

DESPENSAS

El Mantenimiento

(O CÓMO TE PROMETEMOS QUE SEGUIRÁ IGUAL DE ORGANIZADO)

No te vamos a mentir: para que tu espacio recién organizado siga igual de bonito, tienes que hacer un esfuerzo. No será difícil y no dolerá, pero requerirá un compromiso de tu parte con el orden que acabas de crear. Como cualquier tipo de mantenimiento, ya sea tu casa, tu coche o hasta tu salud, necesita cierta vigilancia y que una parte de tu cerebro haga un seguimiento de lo que se tiene que revisar con regularidad para que todo siga en perfectas condiciones. La buena noticia es que, al seguir los pasos de revisar, tirar y organizar de los que ya te hemos hablado en este libro, has creado un sistema que será automático. Si lo has hecho bien, has implementado un sistema que funciona, no solo en cuanto al tamaño del espacio y la cantidad de cosas que tengas, sino que también desempeña su papel en ese espacio en particular. Por lo que, con un poco de esfuerzo —un esfuerzo pequeño como mantener viva una planta de interior (una suculenta, no una orquídea)—, podrás mantenerlo todo la mar de bien.

Por suerte, la esencia misma de nuestro proceso está pensada para que te sea fácil mantener los espacios bien organizados. Todo lo que te pedimos que hagas es por algo, y no solo para que tu armario, despensa o nevera quede de lujo en Instagram. Desde reducir hasta etiquetar, pasando por organizar por colores —y crear así un espacio funcional a la par que bonito—, todo sigue una lógica. Ahora veremos rápidamente cómo evitar tener que rehacerlo todo dentro de seis meses.

CONSEJOS *para* QUE DURE LO MÁXIMO POSIBLE

BUSCA GENTE QUE TE AYUDE

Algo que solemos oír es que tus compañeros de piso no se molestarán en mantenerlo organizado o que tus hijos lo van a destrozar. Pero no te pongas en lo peor, no solo por vivir con otras personas es imposible que tu espacio siga igual de organizado. Como ya hemos dicho, llevará algo de trabajo, pero no mucho. Piénsalo de esta manera: ¿tienes una bandeja para los cubiertos en el cajón de los cubiertos? Si es así, ¿no está todo el mundo automáticamente de acuerdo con que las cucharas van en un compartimento, los tenedores, en otro y los cuchillos, en otro?

Pues seguir un sistema de organización en cualquier espacio no es tan distinto. Es tan fácil como vaciar el lavavajillas y guardar los cubiertos, sobre todo si has seguido nuestros consejos sobre cómo etiquetar y el uso del sistema de organización en arcoíris (véanse las páginas 47 y 49). No hay pareja o compañero de piso que sea tan inconsciente para que no pueda participar. Y, ya que estamos, tampoco creemos que un niño sea demasiado pequeño para empezar a participar en las tareas de organización. Personalmente, hemos hecho de nuestros hijos auténticos aprendices de la organización, así que te animamos a que hagas lo mismo con los tuyos. De hecho, es fundamental para obtener resultados duraderos que absolutamente todos los que vivan contigo se involucren. Es esencial que los que vivan contigo y compartan tu mismo espacio a diario —sean quienes sean— sepan lo importante que es (y lo importante que es para *ti*) mantenerlo todo organizado, ya que tanto has trabajado para ello.

UNO DENTRO, OTRO FUERA

Esta regla no suele ser la más popular, pero ayuda a evitar el desastre de desandar todo lo andado. Le das un buen repaso a tu espacio..., y luego empiezas a acumular trastos otra vez. La buena noticia es que un sistema bien pensado no se adapta solo a lo que ya tienes, sino que también tiene la suficiente flexibilidad para almacenar artículos que compres en un futuro.

Pero un buen sistema te permitirá llegar solo hasta cierto punto; si te pasas comprando jerséis o acumulando dentífricos de más, despídete. Nos gusta pensar que es igual a la regla 80/20 de no comer en exceso: no quieres comer hasta que estés lleno al 100%, o hasta que estés tan lleno que lo único que puedes hacer después es tirarte en el sofá. Lo ideal sería que comieras hasta que estuvieras satisfecho al 80% y, aun así, cómodo. Pues lo mismo pasa con la organización: lo ideal es dejar un poco de espacio por si compras más cosas, como un par de zapatos nuevos, otra chaqueta o un paquete de papel higiénico que estaba de oferta; así, podrás colocarlo sin problema en dicho espacio, que seguirá relativamente despejado. Si empiezas a abusar de ese espacio extra y a meter cosas sin ton ni son, perderás esa sensación maravillosa de que todo está en orden que hace que un espacio parezca limpio y accesible.

Un espacio que está lleno hasta los topes es el equivalente a tener que aflojarte el cinturón después de haberte pasado comiendo patatas fritas. Aunque puedes hacer hueco para más, no es agradable y compromete la integridad del sistema de organización (y, de paso, tu autoestima). Por esto te recomendamos que, en el caso de introducir cosas nuevas, te deshagas de otras antes. Como siempre decimos: «Puedes quedarte con el objeto o con el espacio, pero no con los dos». No vamos a estar pegadas a ti como lapas y bate en mano para que no metas en el baño esa crema hidratante de más que tenías que comprarte sí o sí —al fin y al cabo es tu casa, haz lo que quieras—, pero esperamos conseguir que te sientas responsable a la hora de tomar buenas decisiones que garanticen el bienestar y la buena conservación del espacio que acabas de organizar. Pero si imaginarnos con el bate te va a servir de motivación, no te cortes. Eres tú quien se ha embarcado en esta aventura de la organización, pero nosotras estamos aquí para ayudarte.

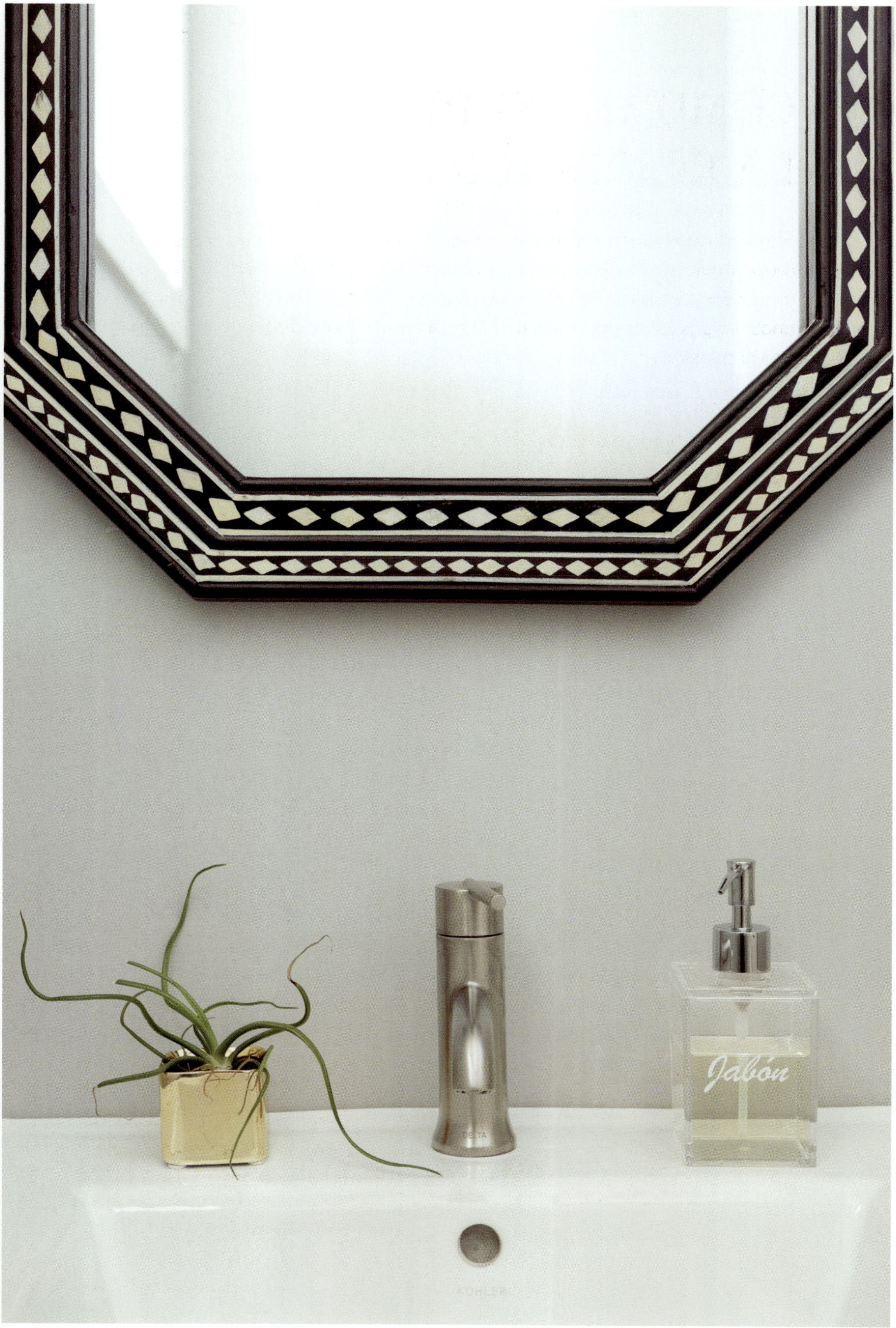
Jabón

CÓMO *no* PERDER LA INSPIRACIÓN

Si en algún momento sientes que el desorden vuelve a la carga (que puede pasar), visita estas páginas, estos perfiles de Instagram y estas tiendas para recuperar la energía y la motivación para darle vida a tu espacio. A veces, unos revisteros nuevos o una caja bonita para tu biblioteca bastan para tener una habitación controlada.

PÁGINAS *que* VISITAR

GOOP
goop.com

LAUREN CONRAD
laurenconrad.com

A CUP OF JO
cupofjo.com

MARTHA STEWART
marthastewart.com

YOUNG HOUSE LOVE
younghouselove.com

OH JOY!
ohjoy.com

A BEAUTIFUL MESS
abeautifulmess.com

HELLO SUNSHINE
hello-sunshine.com

TIFFANI THIESSEN
tiffanithiessen.com

JENNI KAYNE / RIP & TAN
jennikayne.com

DOMINO
domino.com

STYLE ME PRETTY
stylemepretty.com/living

PERFILES *de* INSTAGRAM QUE SEGUIR

@GOOP

@JOANNAGAINES

@MARIEKONDO

@DARCYMILLER

@LOVEANDLION

@ELSIELARSON

@ABEAUTIFULMESS

@INSPIRE_ME_HOME_DECOR

@BPATRICKFLYNN

@MRORLANDOSORIA

@MOLLYBSIMS

@PENCILANDPAPERCO

@ALYSSAROSENHECK

@LAURENCONRAD

@VALLEYBRINKROAD

@REESESBOOKCLUBXHELLOSUNSHINE

CADA COSA EN SU LUGAR

TIENDAS *en las que* COMPRAR

THE CONTAINER STORE
containerstore.com

TARGET
target.com

MAGNOLIA
shop.magnolia.com

WEST ELM
westelm.com

POTTERY BARN
potterybarn.com

CRATE & BARREL
crateandbarrel.com

SERENA & LILY
serenaandlily.com

MARCAS *a las que* ADORAR

STEELE CANVAS
steelecanvas.com

IDESIGN
interdesignusa.com

POPPIN
poppin.com

RUSSELL + HAZEL
russellandhazel.com

CÓMO NO PERDER LA INSPIRACIÓN

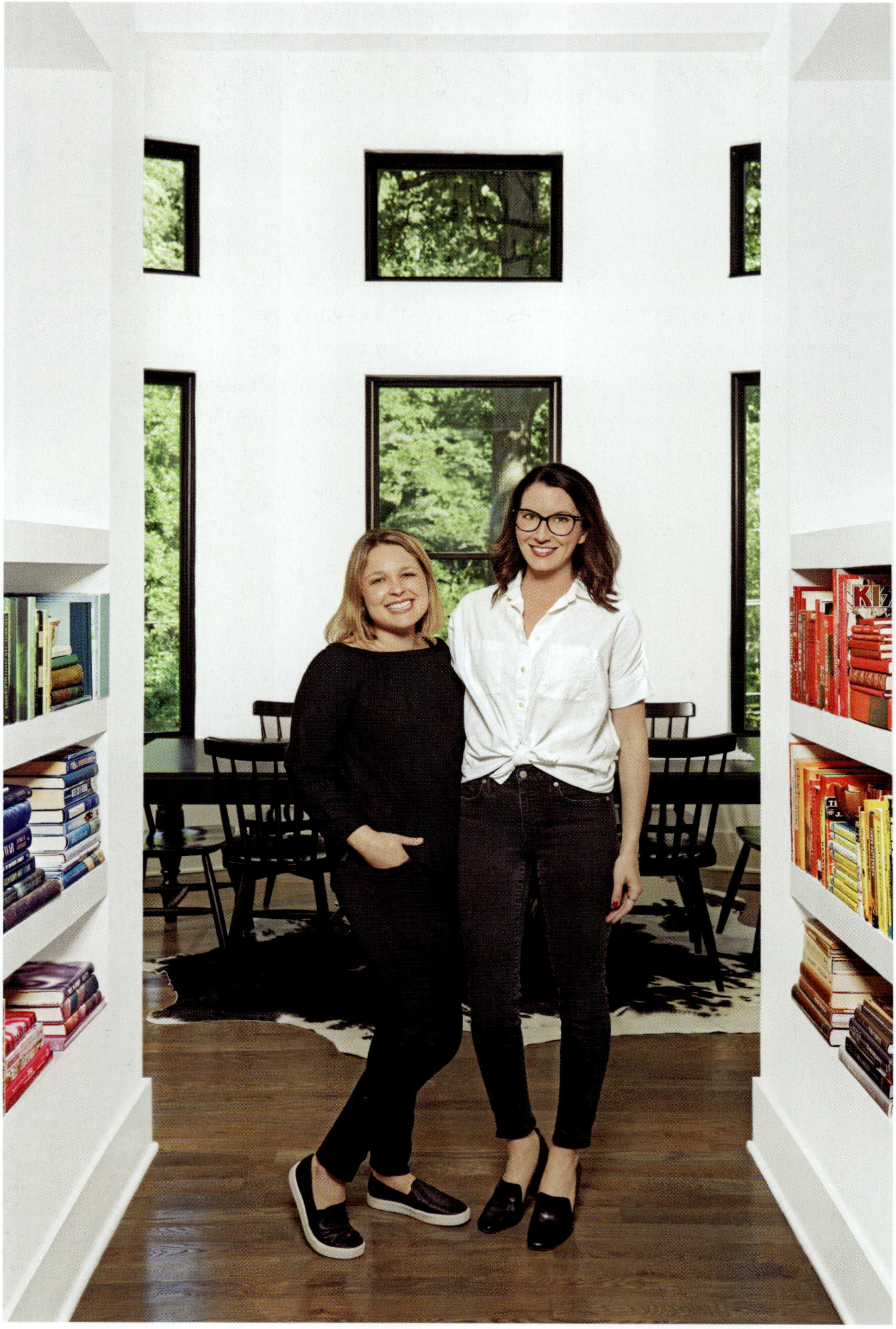

Agradecimientos

Doy gracias a mi marido, John, y a mis hijos, Stella Blue y Sutton Gray. Stella, sé que pensabas que este día nunca llegaría, pero el libro ya está listo, de verdad de la buena. Muchísimas gracias también a Jamie por mantener mi familia y mi negocio unidos; a mis padres por ser mi mayor apoyo; a mi madre, Roberta, por ser la persona que más me influye; a mi suegra, Liz, por estar siempre ahí; y a mi hermano, Dashiell, que es el *verdadero* escritor de la familia. Os quiero mucho más de lo que las palabras puedan expresar.

—*Clea*

A mi abuelo, A. Aaron Elkind, que siempre soñó a lo grande y nos enseñó a todos a hacer lo mismo; a mi abuela, Rosella, que ha apoyado incondicionalmente cada uno de mis negocios; a mis padres, Sari y Stuart; a mi hermana Alexis; a mi tía Marcy; a mis suegros. Gail y Marvin; a mis abuelos, Rita y Erv; y, por último y no por ello menos importante, a mi marido, Jeremy, y a mis hijos, Miles y Marlowe, por apoyar UNA Y OTRA VEZ esta aventura tan disparatada.

—*Joanna*

No podríamos haber acabado este libro EN LA VIDA sin el apoyo y la ayuda de nuestro INCREÍBLE equipo: la agente Lindsay Edgecombe, la editora Angelin Borsics, la diseñadora Mia Johnson, la jefa de producción Kim Tyner, la editora de producción Abby Oladipo, la tipógrafa Alexandria Martinez y la directora editorial Aislin Belton. Por último, un agradecimiento muy especial a todas nuestras admiradoras, seguidoras y clientas.

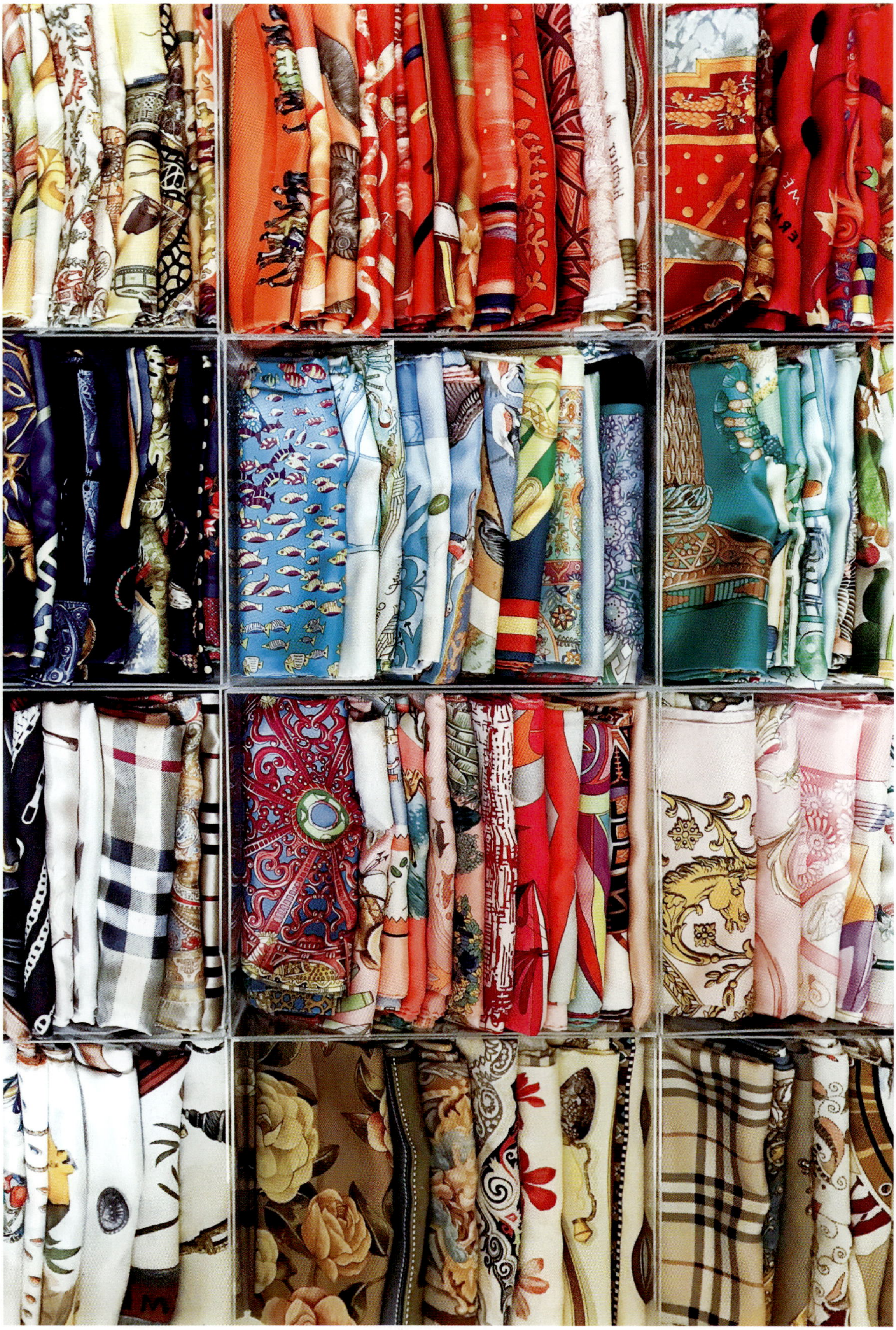

ÍNDICE

abalorios, 118, 157
accesorios para el té, 197
almacenaje apilable, 76
almacenamiento por niveles, 45
aparatos electrónicos, 122
aperitivos, 224, 228, 232, 235, 236, 239, 240
archivadores, 130
arcoíris, orden según 47
armario abierto para la ropa de hogar, 102
armario con lo esencial, 72
armario con puertas de cristal, 209
armario concentrado, 183
armario de materiales, 134
armario multiusos, 65
armario para abrigos, 66
armario para manualidades, 153
armario-despensa, 216-17
armarios
　«Espera que hay más», 114
　para productos del baño, 110
　armario de materiales, 134
　armarios mínimos, 176
　arte y manualidades, 137
　botiquín, 93
　concentrado, 183
　con lo esencial, 72
　con puertas de cristal, 209
　cuidado de la piel, 93
　de Kacey Musgraves, 188
　de Rachel Zoe, 167
　de Thomas Rhett Akins, 175
　del colegio y de deportes, 172
　en el baño, 110
　gran zapatero, 178-80
　limpieza, reglas para, 165
　multiusos, 65
　para abrigos, 66
　para aficiones de adultos, 186
　para almacenar repuestos, 83, 114
　para el calzado, 171
　para hombres, 185
　para juguetes, 148
　para manualidades, 153
　sin vestidor, 168
arte y manualidades, armario de, 137
arte, taller de, 129
artículos de almacenamiento
　artículos básicos, 44-45
　comprar, 42-43
artículos de cuidado personal, 83
artículos de deporte, 61
artículos de farmacia, 69, 110
artículos de temporada, 58, 65, 175, 178, 188
artículos de viaje, 122, 176
artículos para fiestas, 137, 162
artículos para la lactancia, 206
artículos para la playa, 62

bandejas giratorias, 45, 110, 217
bañadores, 172, 186
base de carga, 122
bastoncillos de algodón, 94
batidora, 224
bebidas, 219, 224
biberones, 205, 206
bolsos de mano, 183, 186, 188
botas, 171, 175, 183
botecitos de especias, 231, 232
botellas de agua, 69, 219, 231
botes, 209, 223, 228
botes de pintura, 129
botiquín, 93

cajas de documentos, 122, 130
cajas de fotos, 125, 133
cajas de té, 223
cajas de zapatos, 44, 183
cajón de exsastre, 193
cajón del baño de invitados, 106
cajón forrado de papel, 194
cajones
　«¡Mamá, necesito un lápiz!», 121
　«Salgamos a jugar», 147
　bandejas e insertos, 94
　baño de visitas e invitados, 106
　con material escolar, 142

cubos para manualidades, 157
cuidado de la piel, 94
de exsastre, 193
de la cubertería infantil, 205
de productos para la lactancia, 206
forrado de papel, 194
organización inicial con, 27
para artículos de baño de diario, 98
para despensa, 232, 235
calcetines, 168
camisetas, 168, 175, 178
cargadores, 94
carpetas para guardar deberes, 145
carritos, 97, 176
categorías basadas en fragancias, 113, 114
cepillos de dientes, 98
ceras, 142, 161
cestas, 79, 89
cestas con asas, 45
cestas, forradas, 45
chaquetas, 167, 175, 178, 186
chef, despensa de, 220
Christina Applegate, vestíbulo de, 69
clasificación por color, 47
cocinas, 190-211
　armario para ocasiones especiales, 201
　bajo el fregadero, 198
　cajón de la cubertería infantil, 205
　cajón de lactancia, 206
　cajón forrado de papel, 194
　cajones de exsastre, 193
　nevera con puertas de cristal, 210
　nevera y congelador, 202
　rincón del café, 197
　vitrinas, 209
colgadores, 44, 66, 167
color, clasificar por, 47
contenedores forrados, 45
contenedores transparentes, 45, 87, 105

253

correo y paquetes, 69
cuartos de baño, 90-115
   almacenamiento en encimera, 109
   armario abierto para la ropa de hogar, 102
   armario para el cuidado de la piel, 93
   armario para productos del baño, 110
   armarios para repuestos, 114
   bajo la pila, 100-101
   bonita estantería de los repuestos, 105
   cajón de diario, 98
   cajón del baño de invitados, 106
   cajón para el cuidado de la piel, 94
   organización por esencia, 113
   sin cajones, 97
cubiertos, 194, 201

desayuno, 217, 219, 223, 227, 228, 235, 236, 239, 240
deshacerse de cosas
   artículos en armario, 165
   consejos para, 37-38
   juguetes, 141
   racionalizar, 36-37
   reglas para, 41
despacho de Joy Cho, 125
despachos en casa, 116-37
   armario de artesanía de Lauren Conrad, 133
   armario de materiales, 134
   arte y manualidades, 137
   cajón de «¡Mamá, necesito un lápiz!», 121
   de Joy Cho, 125
   estanterías ahumadas, 122
   oficina en la pared, 126
   puesto de control, 130
   taller de arte, 129
   taller de joyería, 118
despensa del chef, 220
despensa, 212-241
   almacenaje independiente de alimentos, 219
   armario como despensa, 216-17
   de Gwyneth Paltrow, 240
   de los aperitivos, 236
   de Mandy Moore, 231
   despensa del chef, 220

en blanco y negro, 227
estanterías de alambre, 239
hazte tu propia despensa, 224
para la rutina matutina, 223
Park Avenue, 228
proceso de revisión, 215
reglas de almacenaje de alimentos, 219
solución sin despensa, 232
solución sin despensa, parte dos, 235
detergentes, 72, 75, 76, 80, 86
dispensadores de celo, 121
documentos de negocio, 130

electrodomésticos, cocina, 69, 227, 231
Elfa, módulo de pared, 154
Elfa, organizadores de puertas, 153
entrada improvisada, 56
entrada, 54-69
   armario multiusos, 65
   armario para abrigos, 66
   improvisada, 56
   recibidor playero, 62
   vestíbulo de Christina Applegate, 69
   vestíbulo de Molly Sim, 61
   vestíbulo tradicional, 58
escaleras, almacenamiento debajo de, 162
escritorio, en lavadero, 89
escritorios, 126, 154
esencias, 113
esmalte de uñas, 105, 114
espacios de juego, 138-63
   almacén bajo las escaleras, 162
   armario hondo de manualidades, 153
   cajón de «Salgamos a jugar», 147
   cajón de manualidades con cubos, 157
   cajón del material escolar, 142
   de Gwyneth Paltrow, 158
   deshacerse de las cosas, 141
   estantes de pared para juguetes, 161
   fácil acceso a los juguetes, 148
   obsesión por las muñecas, 150

zona de estudio, 154
zona de juegos elegante, 145
esponjas, 72, 84, 198
estanterías abiertas, 86
estanterías de alambre, 239
estantes
   abiertos en armarios de ropa blanca y hogar, 102
   bonita estantería de los repuestos, 105
   de pared para juguetes, 161
   estante abierto, 86
   estanterías ahumadas, 122
   estanterías de alambre, 239
   individual, en lavadero, 76
   organizadores de estanterías, 110
   por niveles, 45
estantes de puerta, 44, 84
estilo de vida con el mínimo esfuerzo, 26-27
etiquetas, 49-51

facturas, rincón de las, 130
fragancias, 113
fregaderos, almacenamiento debajo de, 100-101, 198

ganchos, 56, 58, 61, 69, 176, 183, 186
grapadoras, 121
158

herramientas, 79, 19386

jabones, 198
joyería, 180, 188
juegos y rompecabezas, 158
juguetes, armario para, 148

Kacey Musgraves, armario de, 188
Karen Fairchild, lavadero de, 89
kits de ciencias, 158
Kondo, Marie, 168

lápices y bolígrafos, 121, 142, 153, 154, 162
Lauren Conrad, armario de, 133
lavaderos, 70-89
   armario con lo esencial, 72
   armario de la colada interminable, 80
   armario de los repuestos, 83
   de Karen Fairchild, 89

de un solo estante, 76
lavadero-almacén enorme, 79
lo que se debe hacer y lo que no se debe hacer, 80
sin espacio de almacenamiento, 75
solución «No olvides la puerta», 84
solución del estante abierto, 86
lavandería sin espacio de almacenamiento, 75
LEGO, 145, 148, 158
libretas, 145
libros, 122, 145, 158
licuadoras, 227
linternas, 193

Mandy Moore, despensa de, 231
maquillaje, 101, 109
material de artesanía y manualidades, 125, 157, 161
material de costura, 137, 162
material de papelería, 133
material de pintura, 137, 147, 153
material escolar, 134, 142
material para correspondencia, 125
material para eventos y fiestas, 66, 86, 194, 201, 209
materiales de arte, 134, 137, 158
materiales de limpieza, 76, 84, 110, 198
materiales para regalos, 75, 89, 121, 133, 137, 162
medicamentos, 65
mesas, para entrada, 56
mínimo, armario, 176
mochilas, 56, 58, 172
Molly Sim, vestíbulo de, 61
muñecas, 150, 158

nevera con puertas de cristal, 210
nevera y congelador, almacenamiento en, 202
nevera, con puertas de cristal, 210

organización. Véase también proceso de revisión

adoptar un estilo de vida del mínimo esfuerzo, 26–27
artículos de etiquetado, 49-51
beneficios de, 20-21
consejos para el éxito a largo plazo, 243-45
forma y función, 46
mentalidad para, 19
ordenar por color, 51
orientación y ayuda para, 22
proceso de revisión, 25
proyectos de dificultad media, 29
proyectos difíciles, 31
proyectos fáciles, 29
organizador, 105, 134, 198
organizadores para almacenaje, 44
ovillos, 133

pañales, 83, 161
papel higiénico, 83, 97, 102, 110
papel para impresora, 122, 134
papeleo, 130
papeleo doméstico, 130
papeleo escolar, 130, 145
pared, espacio para material de oficina, 126
pared, unidades de, 97
Park Avenue, despensa de 228
pasta de dientes, 98, 106
piel, armario para el cuidado de la, 93
piel, cajón para el cuidado de la, 94
pilas, 193
pinceles, 129, 134
primeros auxilios, productos, 65, 69, 110
productos faciales, 93, 98, 105, 113
productos para el cuidado del pelo, 100-101, 105
pulverizadores, 110

Rachel Zoe, armario de, 167
revestimiento de estantes, 239
revisión, proceso de 25
 clasificar por grupos, 34
 deshacerse de cosas, 36-41
 despensa, 215
 sacarlo todo, 33
revisteros, 44, 145, 153

rincón del café, 197
rollos de papel, 231
rompecabezas, 158
ropa de cama y hogar, 176, 201
ropa deportiva, 180
ropa, deshacerse de, 165

salvamanteles, 201
sandalias, 171, 176, 183, 185
servilleteros, 201
sombreros, 62, 175, 176, 185
suministros de té, 232
suministros para el hogar, 76, 79, 83, 86
suministros para exteriores, 76, 201

tablero, 126, 154
taller de joyería, 118
tarjetas de memorización, 148
tarjetas y tarjetones, 125, 130, 133
Thomas Rhett Akins, armario de, 175
tiza, 147
toallas, 61, 62, 97, 102, 126
trenes, 148

unidad de pared, 161
uniformes de deporte, 69, 86, 172
uniformes escolares, 172
utensilios, 194, 205
utensilios, bandejas para, 194

verduras, almacenar, 202
vestíbulo
 de Christina Applegate, 69
 de Molly Sim, 61
 playero, 62
 tradicional, 58
vestidor improvisado, 168

zapatero, en vestidor, 178-80
zapateros, 44, 183
zapatillas de correr, 175, 176
zapatillas de deporte, 183
zapatos, 62, 65, 69, 171, 172, 175, 176, 180, 183, 185, 188
zona de estudio, 154
zona de juegos de Gwyneth Paltrow, 158
zona para los deberes, 154

ÍNDICE 255

Título original: *The Home Edit – A Guide to Organizing and Realizing Your House Goals*
Editor original: Clarkson Potter / Publishers, an imprint of the Crown Publishing Group, a division of Penguin Random House LLC., New York
Traducción: Scheherezade Surià López

1.ª edición Marzo 2020

Reservados todos los derechos. Queda rigurosamente prohibida, sin la autorización escrita de los titulares del *copyright*, bajo las sanciones establecidas en las leyes, la reproducción parcial o total de esta obra por cualquier medio o procedimiento, incluidos la reprografía y el tratamiento informático, así como la distribución de ejemplares mediante alquiler o préstamo público.

Copyright © 2019 *by* The Home Edit Print, LLC
All Rights Reserved
© 2020 de la traducción *by* Scheherezade Surià López
© 2020 *by* Ediciones Urano, S.A.U.
Plaza de los Reyes Magos, 8, piso 1.º C y D – 28007 Madrid
www.edicionesurano.com

ISBN: 978-84-16720-93-4
E-ISBN: 978-84-17780-85-2
Depósito legal: B-848-2020

Fotocomposición: Ediciones Urano, S.A.U.

Impreso por: Liberdúplex, S.L. – Ctra. BV 2249 Km 7,4
Polígono Industrial Torrentfondo – 08791 Sant Llorenç d'Hortons (Barcelona)

Impreso en España – *Printed in Spain*